살고자 하면
죽으리라

살고자 하면
죽으리라

1판 1쇄 2012년 11월 1일 찍음 2012년 11월 10일 펴냄 지은이 임원빈 펴낸이 손풍삼
펴낸곳 순천향대학교출판부 336-745 충남 아산시 신창면 순천향로22 인문대학 4F
tel. 041 530 3047 fax. 041 530 3048 e-mail. schbooks@sch.ac.kr
출판등록 2010년 6월 14일 제251-2010-5호 값 14,000원 ISBN 978-89-97560-03-5 03810

◆ 잘못된 책은 바꾸어드립니다.

www.sch.ac.kr

살고자 하면 죽으리라

한국적 리더십의 표상, 위대한 리더 이순신

임원빈 지음

SCH 순천향대학교출판부

차 례

2부 선승구전의 병법

살고자 하면
죽으리라

3부 다시 생각해보는 이순신

살고자 하면
죽으리라

프롤로그 민족의 영원한 멘토

왜 이순신인가.

그가 평생을 통해 남긴 족적은 한국적 리더의 표상이 되기에 충분하기 때문이다.

왜 이순신은 고비 때마다 부각되어 우리에게 다가오는가.

임진왜란 7년여 기간 동안 40여 회의 해전을 모두 승리로 이끌어 결과적으로 조선조 최대의 국난이었던 임진왜란을 극복한 위기 극복의 지혜를 충무공 이순신에게서 배울 수 있기 때문이다.

바야흐로 대한민국은 현재 위기와 기회를 동시에 맞고 있다. 건국 60여 년 만에 일구어낸 정치, 경제, 사회, 문화, 군사적 성취는 기적이라 불러도 손색이 없다. 대한민국은 지구촌 현대사에서 가장 짧은 시간 내에 가장 괄목할 만한 민주화, 산업화 성과를 일구어낸 모범국가이다. 그러나 선진 일류국가로 도약하기 위해선 민주화, 산업화의 경직된 마인드로는 한계가 있다. 독재 세력에 대한 민주화 투쟁이 필요한 시기에는 흑백논리가 통했으며, '우리도 한번 잘 살아보자'는 명분 앞에서는 '하면 된다'는 밀어붙이기식 논리도 수용될 수 있었다.

그러나 민주화, 산업화를 넘어 정보화, 융복합화의 시대로 진입하고 있는 이 시점에 그런 방식으로 문제를 해결하기에는 우리 사회가 너무나 복잡다단해졌다. 지금은 양적 성장을 토대로 먹고 자고 입는 문제의 해결이 지상과제였던 후진국형 마인드에서 질적 성장을 토대로 이웃을 배려하고, 소외된 사람들의 고통을 공유하며, 어떻게 부富를 축적할 것인가 하는 문제를 넘어 축적된 부를 어떻게 가치 있게 사용할 것인가를 고민하는 이른바 선진국형 마인드로의 사고의 전환이 필요한 시점이다.

오늘날 우리 사회의 화두가 되어 있는 보수와 진보, 성장과 분배, 가진 자와 못 가진 자의 이분법 내지는 흑백논리식 인식으로는 양극화의 갈등 구조를 극복하지 못할 것이고, 그렇다면 대한민국호號는 결국 심각한 위기에 직면하게 될 것이다. 그러나 사회 통합, 융복합, 가치의 공유 등을 통해 조화와 통합의 시대를 열어갈 수만 있다면 대한민국호는 선진 일류국가로 도약할 수 있는 기회를 맞아 전화위복의 계기로 삼을 수 있을 것이다.

이런 역사적 전환점에 위기의 대한민국이 아니라 기회의 대한민국이 되는 데 가장 필요한 것은 무엇인가. 그것은 바로 시대정신에 부합하는 리더의 선택이다. 과연 우리 국민들은 어떤 기준으로 리더를 선택해야 하는가. 그 답은 의외로 간단하다. 역사를 통해 검증된 인물, 이순신 같은 리더를 선택하면 되기 때문이다. 그렇다면 위대한 리더 이순신을 통해 본 미래 대한민국 리더의 조건은 무엇일까.

첫째, 꿈과 희망을 줄 수 있어야 한다.

이순신이 한산도, 고금도에 삼도수군통제영을 설치하자 통제영 주변으로 수많은 백성들이 모여들었다. 이순신 장군 근처에만 있으면 생명을 보존할 수 있을뿐더러 먹고살 수 있다는 희망이 있기 때문이었다. 장군이 한때 파직되었다가 다시 통제사에 임명되어 나타나자 백성들은 다시 살 수 있다는 희망을 품고 앞다투어 그의 주변으로 몰려들었다. 노인들은 술병을 가지고 와서 권하고, 젊은 장정들은 가족들을 거느리고 이순신을 따라 나섰다.

절대 열세의 해전인 명량해전에서 이순신이 적 함대에 몇 겹으로 둘러싸여 위험에 처하자 멀리서 지켜보고 있던 마하수馬河秀라는 사람은 자식과 함께 기꺼이 이순신을 구하러 뛰어들어 싸우다 전사했다. 이순신이 노량해전에서 전사하자 호남 사람들은 남녀를 막론하고 육식을 피하고 흰옷으로 갈아입었으며, 이순신과 함께 싸웠던 스님들은 평생 이순신 사당을 떠나지 않고 지켰다.

살아 있는 이순신뿐만 아니라 세상을 떠난 이순신에게 당시 백성들이 보인 반응을 살펴보면 오늘을 사는 대한민국 리더들에게 시사하는 바가 크다. 리더는 구성원들에게 꿈과 희망을 주는 사람이어야 한다. 청년에게는 일자리의 희망을, 가난한 자에게는 노력하면 잘 살 수 있다는 꿈을, 소외된 자에게는 더불어 살 수 있다는 희망을, 억울한 자에게는 그 억울함을 풀 수 있다는 꿈과 희망을 줄 수 있어야 한다.

둔전을 개발하여 백성들의 식량 문제를 해결하고, 침략자 일본군으로부터 백성을 보호하여 그들에게 살아갈 수 있다는 꿈과 희망을 준 이순신, 대한민국 리더를 꿈꾸는 사람들의 영원한 멘토가 아닐 수 없다.

둘째, 변화를 주도할 수 있는 창의적 사고력이 있어야 한다.

당시는 칼과 창, 활 등의 재래식 무기에서 새로운 무기인 화약무기로 변화하는 일대 전환의 시기였다. 지상군의 무기에서는 일본이 조선에 앞서 조총鳥銃이라는 화약무기로 전환했지만 수군의 경우는 조선이 일본에 앞서 대형 화약무기인 총통으로 전환했다. 이순신은 이런 무기 체계와 전술의 변화를 정확히 꿰뚫고 있었다.

등선백병전登船白兵戰을 주요 해전 전술로 채택한 일본 수군의 장단점, 명중률이 현저히 떨어지는 판옥선으로 총통 포격 전술을 펼쳐야 하는 우리 수군의 장단점을 면밀히 분석한 이순신이 일본과의 전투에서 드러난 우리 수군의 단점을 극복하기 위해 창제해낸 배가 바로 거북선이다. 거북선은 적선 가까이 접근하여 총통을 발사함으로써 명중률을 높이고 거북 등 모양으로 배를 덮어 일본 수군의 장기인 등선백병전으로부터 조선 병사를 보호할 목적으로 만든 근접포격용 돌격선이다. 거북선은 혁신형 리더십의 상징이다. 뿐만 아니라 한산해전에서 사용한 학익진鶴翼陣 역시 판옥선 현측에 설치된 다수의 총통을 어떻게 하면 효과적으로 사용할 수 있을까, 하는 고민에서 나온 창의적 사고의 산물이다.

세상은 변화한다. 변화를 정확히 읽고 이 변화를 주도할 수 있는 리더를 지닌 조직이나 공동체, 국가는 살아남지만 그렇지 못한 조직이나 공동체, 국가는 역사의 뒤안길로 사라진다는 것은 변치 않는 역사의 교훈이다. 대한민국의 현재는 변화의 시기이며, 그 변화를 거부한다면 생존 번영이 불가능한 시기임이 분명하다.

바야흐로 정치뿐만 아니라 경제정책이나 기업문화 등 전반적인 국가 운영 시스템이 중진국형 모델에서 선진국형 모델로 전환되어야 하는 시점이다. 무기 체계, 해전 전술의 변화를 정확히 읽어내고 그 변화를 능동적으로 주도하기 위해 거북선과 학익진을 창안했던 리더 이순신, 그의 승리는 변화와 혁신의 승리였다. 미래 대한민국의 리더를 꿈꾸는 사람들에게 변화를 읽는 혜안과 이에 대처하는 창의적 사고가 필요한 이유이다.

셋째, 가치의식, 역사의식을 지녀야 한다.

이순신은 어떤 가치의식, 역사의식의 소유자였을까? 그가 지향했던 인생의 최고 가치는 의리義理와 충忠과 효孝였다. 뿐만 아니라 그는 '정의가 승리하는 역사를 만들어야 한다'는 역사의식의 소유자였다. 이순신에게 임진왜란은 하늘의 이치를 거스른 침략자 일본군을 물리쳐야만 하는, 그것도 '단 한 척도 일본으로 돌아가지 못하게 함으로써 나라의 원수를 갚기 위한 정의의 전쟁'이었다. 마지막 노량해전은 이와 같은 이순신의 역사의식이 반영된 해전이었다.

이순신은 효자로도 유명했다. 그런 이순신이 백의종군 길에 아산의 해암 포구에서 어머니의 시신을 마주하게 된다. 아들 가까이에 있으려고 여수에서 배를 타고 아산으로 올라오다 선상에서 돌아가신 것이다. 이순신은 몸부림치며 절규한다. "내가 일생을 충과 효에 전념하였건만 오늘에 이르러 모두 허사가 되어 버렸구나." 백의종군의 몸이니 나라에 죄를 지은 것이요, 어머니를 돌아가시게 했으니 불효가 막심한 처지를 비관한 절규였다. 그의 삶의 중심에는 언제나 어머니에 대한 효가 있었다. 효심이야말로 이순신이 백성을 사랑하고 나라를 사랑하는 에너지의 근원이었다.

가치의식이나 역사의식은 결코 고리타분한 게 아니다. 가치의식과 역사의식이 있어야 사람은 비로소 자기중심의 태도에서 벗어나 이웃이나 국가, 나아가 인류 전체를 생각할 수 있게 된다. 부모에게 마음을 다해 헌신한 이순신, 나라를 위해서라면 언제든지 목숨까지를 던질 각오로 살았던 이순신, 정의가 구현되는 관료 사회를 만들기 위해 세 번의 파직과 두 번의 백의종군을 감내한 이순신, 그의 이런 삶의 중심에 견고한 가치의식, 역사의식이 있었던 것이다.

대한민국은 지난 60여 년 동안 양적 성장에 치중해오면서 가치의 문제를 소홀히 해온 것이 사실이다. 한강의 기적이라 불리는 비약적인 경제 발전, 세계 최고의 IT 강국, 세계 조선 수주량 1위 등은 어느새 대한민국을 수식하는 자랑스런 지표들이 되었다. 그러나 대한민국 국민이 모두 행복하려면 양적 성장에 걸맞은 가치의식이 정립되어야 한다. 경제적으로나 문화적으로 소외된 이웃, 비약적 성장에 따른 양극화의 갈등, 올바른 인성을 길러주기보다는 출세를 지향하는 학교교육, 하루가 멀다 하고 매스컴을 오르내리는 온갖 성범죄 등은 가치의식과 역사의식이 국가의 양적 성장을 따라가지 못하는 데서 오는 어두운 그림자들이다.

오늘의 대한민국 리더들은 이순신과 같은 가치의식, 역사의식을 지녀야 한다. 부모에게 효도하고, 백성과 나라에 충성하며, 관료사회의 부조리에 과감히 저항했던 이순신, 침략자 일본군을 철저히 응징하여 정의가 승리하는 역사를 만들고야 말겠다는 역사적 소명의식을 지닌 이순신, 오늘의 대한민국의 리더들이 본받아야 할 한국적 리더의 표상이요 상징이 아닐 수 없다.

넷째, 소통을 통한 국민 통합 역량이 있어야 한다.

이순신은 소통의 귀재였다. 여수 본영의 진해루鎭海樓, 한산도의 운주당運籌堂은 이순신과 부하 장수들 사이의 소통의 공간이요 상징이다. 그가 일궈낸 전승무패의 승리 신화는 부하 지휘관, 참모들과의 원활한 소통의 산물이다. 그런데 전승무패의 승전 가도를 달리던 조선 수군은 정유년(1597) 2월 통제사 교체를 계기로 파국을 맞는다. 새로운 통제사 원균이 지휘하는 조선 수군이 칠천량에서 전멸에 가까운 패배를 당한 것이다. 왜 이런 일이 벌어졌을까. 그 실마리를 여러 자료에서 찾아볼 수 있다.

"순신이 진영에 있을 때 운주당을 짓고 여러 장수와 더불어 그 속에 모여 일을 의논했는데, 원균은 기생첩을 두고 울타리를 둘러치고 술에 취하여 일을 살피지 않으니 모든 군심軍心이 이반되어 모두들 '적이 오면 달아날 따름이다'라고 했다."

조선 수군의 최고 리더인 통제사 원균과 예하 지휘관, 참모 간의 불통不通이 칠천량해전을 앞둔 조선 수군의 모습이었다. 해전에 앞서 적을 바로 코앞에 두고 분열의 상황이 초래되었으니 칠천량해전의 패배는 어찌 보면 이미 예견된 것이었다. 다시 말해 소통 부재가 칠천량해전의 패인이었던 것이다.

대한민국에선 대선 때만 되면 영남과 호남의 지역 갈등이 조장되고 정치인들은 그것을 이용하여 권력 쟁취에 열을 올린다. 이런 지역 간 갈등의 문제는 비록 엷어지기는 했지만 아직도 진행형이다. 이와 더불어 대한민국 사회의 분열을 부추기는 요소로는 자본의 양극화에 따른 서민과 부유층의 갈등, 이념의 양극화에서 기인한 보수와 진보의 갈등, 기업 현장에서의 노동자와 사용자 간의 갈등, 성장이냐 분배냐를 둘러싼 정책노선의 갈등 등 이루 헤아릴 수 없을 정도다.

그러나 그 어느 관점이나 노선도 우리를 행복하게 하는 절대적 진리가 아니며 양자택일의 문제는 더더욱 아니라는 것이 역사적 진실이다. 우리는 이미 냉전의 산물인 비극적 흑백논리의 시대에서 벗어나 다양성, 공존, 융복합성을 이야기하는 시대에 살고 있다. 이런 측면에서 미래 대한민국의 리더를 꿈꾸는 사람들은 갈등과 대립을 지양하고 '우리 앞에 놓인 다양한 관점이나 가치들을 어떻게 융복합해야 대한민국 국민 모두를 행복하게 할 수 있을까?'를 고민해야 한다. '나를 지지하는 국민들도 있다'는 식의 태도로는 곤란하다. '나를 지지하지 않는 국민들'에게 어떻게 다가갈 것인지, 어떤 설득력을 보여줄 것인지 스스로 밝혀야 한다.

소통을 통해 조선 수군의 전투력을 극대화해 모든 해전에서 거듭 승리한 이순신, 불통으로 인해 칠천량해전에서 패배를 자초한 원균, 이 두 지도자에게서 우리는 과연 어떤 교훈을 얻을 수 있을까. 그것은 바로 소통의 중요성이다. 소통을 통해 진보와 보수, 성장과 분배 등의 다양한 가치를 통합하고 지역, 세대, 부처, 직종 간의 갈등을 해소하여 대한민국 사람을 모두 행복의 길로 인도하는 것이 곧 오늘날 이 땅의 리더들에게 부여된 역사적 소명이다.

다섯째, 고결한 인격을 지녀야 한다.

인격이란 자신의 무한한 이기적 욕구를 넘어 가족을, 이웃을, 국민을, 인류를 사랑할 수 있는 인간의 고유한 품격이다. 이순신은 유학의 가르침대로 부모에 대한 사랑, 가족에 대한 사랑으로부터 타인을, 백성을, 나라를 사랑하는 역량을 키워나갔다. 이순신의 홀로 남은 어머니에 대한 사랑은 유별났다. 일기의 상당 부분이 어머니에 대한 이야기로 채워졌을 정도이다.

또, 이순신에게는 일찍 세상을 뜬 두 형을 대신해 돌보아야 했던 조카들이 있었는데, 그는 모든 일에 있어서 자식보다도 조카들을 먼저 챙겼다.

이러한 인격은 병사들에 대한 사랑으로 이어진다. "바람이 몹시 차가워 뱃사람들이 얼고 떨 것을 염려하여 마음이 안정되지 않았다." "군사 5,480명에게 음식을 먹였다." 이순신의 부하들에 대한 사랑은 투항한 일본인 포로들이라고 해서 예외가 아니었다. "늦게 대청에 나가서 서류를 처결한 다음 투항한 왜인들에게 술과 음식을 먹였다."

나아가 이순신의 사랑은 백성들에게도 그대로 전해졌다. 돌산도의 둔전을 백성들이 경작할 수 있도록 조정에 건의하여 백성들에게 삶의 터전을 만들어준 것이다. 이순신이 전라좌수사로 근무했던 여수 본영 근처의 돌산도, 조선 수군의 전진기지였던 한산도, 명량해전 이후 삼도수군통제영이 있었던 고금도 등지에는 백성들이 너도나도 모여들어 인산인해를 이루었다. 결국 조선의 민, 관, 군의 전투 역량이 통합된 중심에 이순신의 고결한 인격이 자리하고 있었던 셈이다.

인격은 하루아침에 만들어지는 것이 아니다. 이순신은 매일 일기를 쓰고, 시를 짓고, 음악을 들으면서 부하 장병들과 백성과 나라를 사랑하는 힘을 키워갔다. 이순신은 감성이 매우 여린 사람이었다. 비가 주룩주룩 내리거나 달빛이 대낮처럼 밝은 날이면 어머니 생각, 임금 생각, 백성 생각에 잠을 이루지 못했다. 이런 순수한 감성을 유지할 수 있었기 때문에 이순신은 이기적 욕망을 넘어 백성과 나라를 위한 삶을 살 수 있었다.

오늘의 대한민국을 들여다보면, 말로는 언제나 나라와 국민을 위한다고 하면서 부정 축재, 뇌물 수수, 공금 횡령, 불법 투기, 탈세, 불법 상속 및 비자금 조성 등으로 우리를 실망시킨 정치가나 기업 총수들이 한두 사람이 아니다. 정치권력이나 거대한 자본도 이기적 욕망을 넘어서 진정 나라와 국민과 인류에 대한 헌신이나 배려의 마인드가 전제될 때 지속되고 성장할 수 있는 것이다. 대한민국의 리더를 꿈꾸는 사람들, 과연 자신의 이기적 욕망을 넘어설 수 있는 고결한 인격을 갖추었는지, 나라와 국민을 위해 어떤 희생과 헌신을 해왔는지 돌이켜볼 일이다.

백성에게 살 수 있다는 꿈과 희망을 준 이순신, 거북선을 창제하는 등 변화와 혁신을 주도하여 조선 수군을 세계 최고의 막강한 수군으로 변모시킨 이순신, 침략자 일본군을 철저히 응징하여 정의가 승리하는 역사를 만들겠다는 역사의식을 지닌 이순신, 원활한 소통을 통해 조선의 민, 관, 군의 전투 역량을 통합한 이순신, 자신보다는 언제나 백성과 나라를 앞세운 고결한 인격의 소유자 이순신, 그는 우리가 바라고 희망하는 미래 대한민국 리더의 조건을 온전히 지니고 있었다. 이것이 위기 때마다 다시금 이순신이 부각되고 재조명되며, 우리가 재차 그에게 길을 묻는 이유이다.

이번에 출판하게 된 《살고자 하면 죽으리라》는 임진왜란 발발 420주년이 되는 해를 맞아 국방일보에서 기획한 연재물 〈임진년 다시 쓰는 이순신전〉을 토대로 재구성한 것이다. 〈임진년 다시 쓰는 이순신전〉은 필자의 20여 년 이순신 연구의 성과물인 《이순신 병법을 논하다》(신서원, 2005)와 《이순신 승리의 리더십》(한국경제신문, 2008)의 내용을 기초로 기획기사에 맞도록 편집한 것이며, 금년 1월부터 9월까지 매주 1회 총 37회에 걸쳐 국방일보에 게재되었다. 이 책은 〈임진년 다시 쓰는 이순신전〉의 내용을 토대로 일반 독자가 읽기 쉽게 첨삭하고 새로운 내용을 덧붙여 오늘날 이 땅의 지도자들이 마땅히 갖추어야 할 자질이 무엇일지 생각해본 것이다.

그동안 이순신에 관련된 이야기에는 역사적 사실, 설화, 소설 등이 뒤섞여 있어 실체에 접근하는 데 많은 애로가 있었다. 순천

항대학교 이순신연구소에서는 2012년 4월, 제14회 이순신 학술세미나에서 '이순신 정론'을 주제로 해전 횟수, 백의종군, 명량해전 철쇄 문제, 당파전술, 거북선의 실체, 자살설 등을 다루어 지금까지 혹 왜곡되어왔거나 잘못 이해된 내용들을 바로잡았다. 이 책에 이런 연구 성과를 반영하는 한편 조선 수군의 전쟁 준비, 이순신의 병법, 전략전술, 리더십 등에 초점을 맞추어 어떻게 해서 이순신은 모든 해전에서 승리할 수 있었는지, 어떤 리더십을 발휘했기에 조선 수군 장병들이 죽기를 각오하고 전투에 임했던 것인지 등을 밝혔다. 그리고 이순신은 단지 수많은 해전을 승리로 이끈 '유능한 리더'가 아니라 실력과 역사의식 그리고 고결한 인격까지 갖춘 '위대한 리더'였음을 규명하고자 했다. 또한, 때마침 2012년 12월은 대한민국의 최고 리더인 대통령을 뽑는 대선 일정이 예정되어 있어서 이순신을 통해 본 대한민국 리더의 조건에 대해서도 정리해보았다.

모쪼록 나라를 이끌어보겠다고 나선 이들이라면 먼저 이순신의 리더십과 정신세계를 들여다보기를 충심으로 권한다. 물론 들여다보고 나면 구국의 리더로 살아간다는 것이 그렇게 쉽지 않다는 것도 깨닫게 될 것이다. 과연 자신에게 이순신 같은 위대한 리더가 될 자질이 있는지, 대한민국호를 이끌 능력이 있는지 스스로에게 되물어볼 일이다.

이 책이 나오기까지 많은 분들의 도움이 있었다. 먼저 이 책의 출판을 결정해주신 손풍삼 총장님, 그리고 윤문과 교감 작업에 주야로 수고해주신 이연기 출판부 기획실장님께 감사의 말씀을 올린다. 아울러 국군 장병과 국민들에게 이순신 정론을 전파할 수 있도록 〈임진년 다시 쓰는 이순신전〉을 기획한 국방일보 관계자분들께도 고마운 마음을 전한다. 또한, 기획기사를 온라인상에 올릴 때마다 애독해주시고 격려와 성원을 아끼지 않은 인터넷 카페 〈이순신을 배우는 사람들〉 회원 여러분과 페이스북 친구들에게도 감사의 인사를 전한다. 이순신을 닮은 위대한 리더들이 우리 사회 곳곳에서 배출되는 데 이 책이 일조하기를 희망해본다.

수안보 월악산 자락 일심서재一心書齋에서

임원빈 배상

1부

이순신의 삶이 보여준 궁극의 리더십

파란만장했던 이순신의 일생을 살펴보면 리더의 삶이란 가시밭길의 연속일 수밖에 없음을 알게 된다. 우리는 주기적으로 대만민국을 이끌어갈 리더들을 뽑는다. 그리고 국민들이 선택한 그들은 주어진 기간 동안 대한민국을 이끌어간다. 시행착오도 있었고, 예산 낭비도 있었고, 국민들 사이에 갈등을 증폭시키면서 대한민국을 위기로 몰아넣은 경우도 있었다. 국민의 한 사람으로 대한민국의 리더가 되고자 하는 사람들에게 묻는다. "이순신 같은 구국의 리더십, 그 끝없는 희생과 사랑에 기초한 위대한 리더의 역량을 그대들은 가지고 있는가?"

꿈과 희망의 리더십

■ 우리가 리더에게 바라는 가장 중요한 요구사항은 아마도 꿈과 희망일 것이다. 임진왜란 당시 이순신은 조선의 백성들에게 어떤 리더였을까. 왜 조선 백성들은 이순신이 전사했다는 소식을 듣고 일자무식의 노약자에 이르기까지 서로 조문하면서 눈물을 흘렸을까. 왜 이순신이 통제영을 설치했던 한산도와 고금도에는 삽시간에 백성들이 모여들어 인산인해를 이루었을까.

원균이 칠천량해전에서 대패한 후 이순신은 다시 통제사에 임명되었다. 이순신은 궤멸된 조선 수군을 수습하기 위해서 발걸음을 재촉했다. 그때 상황이 그의 일기에 고스란히 담겨 있다. "아침 식후에 길을 떠나 옥과의 지경에 이르니 순천과 낙안의 피난민들로 길이 가득 찼으며, 남자 여자가 서로 부축하고 가는 것이 차마 볼 수 없을 지경이었다. 그들은 울면서 '사또가 오셨으니 이제 우리는 살았다'고 했다." 정유년(1597) 8월 6일 일기 그리고 며칠 뒤 일기에서는 남해 연안으로 가는 길에 노인들이 길가에서 서로 다투어 술병을 가져다 바치는 광경도 보인다. "점심 후에 길을 떠나 10리쯤 오니 늙은이들이 길가에 늘어서서 다투어 술병을 가져다 바치는데, 받지 않으면 울면서 강권하는 것이었다." 정유년 8월 6일 일기

이순신에게 이런 반응을 보인 사람은 비단 이들 노인들뿐만이 아니었다. 이순신이 진주로부터 옥과에 이르자 젊은 장정들이 처와 자식을 돌아보고, "자, 우리 대감이 오셨다. 이제 너희들도 죽지 않을 게다. 천천히 찾아들 오너라. 나는 먼저 대감을 따라가겠다"《행록行錄》라며 이순신을 따라나섰다. 전쟁에서 가장 시급한 것은 생존이었다. 어찌하면 살 수 있을까. 어찌하면 일본군의 총칼로부터 나 자신뿐 아니라 가족까지 지킬 수 있을까. 조선의 백성들이 이순신을 믿고 의지한 것은 바로 삶에 대한 희망 때문이었다.

명량해전을 앞두고도 수많은 백성들이 이순신 주변에 몰려들었다. 이순신은 피난민들의 배를 조선 함대 뒤쪽에 배치하여 후원 세력이 많은 것처럼 전세를 북돋웠다. 그러나 13대 133이라는 중과부적의 위험천만한 상황이었다. 해전이 본격적으로 벌어지자 먼발치에서 지켜보던 백성들은 일본의 함선이 여러 겹으로 이순신의 배를 에워싸 더 이상 보이지 않자 서로를 돌아보며 "우리들이 여기 온 것이 다만 통제사 대감만 믿고 온 것인데 이제 이렇게 되니 우린 이제 어디로 가야 하오"《행록》 하면서 절망

했다. 그처럼 믿고 따르던 이순신이 노량해전에서 순국했을 때 백성들의 반응은 어떠했을까. "이순신이 노량에서 왜적의 탄환을 맞아 죽으니 호남 지방의 모든 남녀는 육식을 물리치고 흰옷을 몸에 걸치지 않은 이가 없었다."《호남기문湖南記聞》

오늘의 대한민국 리더들에게 이러한 민초들의 반응은 시사하는 바가 크다. 리더는 구성원들에게 꿈과 희망을 주어야 한다. 젊은이에게는 일자리를 줄 수 있어야 하고, 가난한 자에게는 인간답게 살 수 있는 최소한의 조건을 만족시켜주어야 한다. 또한 돈이 없어 공부를 못하는 학생이 없어야 하며, 가난한 부모 밑에 태어난 사람에게도 열심히 공부하고 노력하면 가난을 극복할 수 있는 기회와 통로가 열려 있어야 한다.

과연 우리 대한민국 리더들은 국민들에게 어떤 희망과 꿈을 주고 있는가. 희망과 꿈을 미끼로 권력 획득에만 눈이 멀어 있지는 않은가. 국민들에게 제시한 공약과 정책들은 얼마만큼 치밀하게 준비되어 나온 것인가. 인기에 영합해 포장만 그럴듯한 공약과 정책은 혹 아닌가. 선거에 당선하기 위해 이미지 부각에만 신경을 쓰다가 정작 집권한 뒤에는 검증되지 않은 공약을 실행에 옮기면서 국민들의 혈세를 낭비하고 국민 상호간의 분열을 조장하는 시행착오를 되풀이하지는 않을 것인가.

여당이든 야당이든, 진보든 보수든, 대한민국 정치의 궁극의 목표는 대한민국 국민의 행복한 삶의 구현에 있는 것이 아니겠는가. 이제는 자유냐 평등이냐, 진보냐 보수냐 하는 이념 대립이나 특정 계층을 염두에 둔 성장이냐 분배냐 하는 양자택일식 정책 갈등을 조장하여 국민의 마음을 사로잡을 수 있는 시대가 아니다.

위대한 리더 이순신이 살아서는 백성들로부터 존경과 사랑을 받고, 죽어서는 세상 물정 모르는 무지한 노약자에 이르기까지 눈물을 흘리며 서로 조문하게 만든 것은 백성들이 그에게서 삶의 희망과 꿈을 발견했기 때문이다. 둔전을 개발하여 백성들의 식량을 해결한 이순신, 침략자 일본군의 약탈이나 살인으로부터 백성을 보호한 이순신, 아무도 돌보지 않아 버려졌던 백성들에게 이순신은 한 줄기 빛이요 희망이었다.

변화와 혁신의 리더십

■ 이순신 하면 거북선이 생각나고, 거북선 하면 이순신이 떠오른다. 거북선은 이순신의 승리의 상징이요 새로운 변화를 주도한 창의적 사고의 성과물이다. 조선이 임진왜란을 극복할 수 있었던 것은, 모든 분야까지는 아니더라도 어떤 분야에서는 세계 최고를 달렸기 때문이다. 그것이 바로 해양 분야요, 수군 분야였다.

당시는 동서양을 막론하고 세계 무기 체계 발달사 측면에서 볼 때 획기적인 시대였다. 이른바 칼, 창, 활과 같은 재래식 무기에서 화포로 대변되는 새로운 화약무기로 일대 전환이 이루어지는 시기였기 때문이다. 변화의 시기에 그 변화에 능동적으로 대처하는 리더의 능력은 작게는 조직, 크게는 국가의 존망을 좌우한다고 할 수 있다. 일본은 진작부터 서양에서 개발된 조총을 도입하여 지상군의 개인 휴대무기를 활 위주에서 조총으로 전환했다. 그리고 통일전쟁 시기에 3열 횡대의 조총 전술을 숙달

시켰다. 반면에 조선의 지상군은 조총과 비견될 수 있는 승자총통을 가지고 있었으면서도 전술을 가미해 그 전투력을 극대화시키지 못했으며 여전히 활을 선호했다.

반면 수군은 달랐다. 고려 말 최무선 장군이 주도하여 만든 화약과 화포는 조선에서도 그대로 계승되어 꾸준히 발전을 거듭했다. 백병전에 능한 왜구의 해전 전술에 대응하기 위해서는 백병전이 아니라 일정 정도 거리를 둔 상태에서 총통으로 공격하여 기선을 제압해야 유리하다는 것을 잘 알고 있었기 때문이다.

이순신이 전라좌수사로 부임한 시기에 조선 수군은 이미 총통 포격 전술을 해전 전술로 채택하고 있었다. 문제는 명중률이었다. 명중률을 높이자면 가까이 접근하여 총통을 쏘아야 하는데 가까이 접근할 경우 자칫 일본의 등선 백병 전술登船白兵戰術에 당할 수 있기 때문이었다. 이순신은 고민했다. 가까이 접근하여 총통을 쏘아 명중률을 높이면서도 그 배에 타고 있는 조선 수군 장병들을 보호할 수 있는, 근접 총통 포격 전술에 적합한 배를 만들 수는 없을까. 이런 요구 조건을 만족시키면서 탄생한 배가 바로 거북선이다.

거북선은 해전이 벌어지면 곧바로 적의 지휘선을 향해 돌격한다. 그리고 선수의 용의 입에 설치되어 있는 현자총통을 지휘선의 천수각天守閣을 향해 발사한다. 인명 살상용 조란탄 등을 사용하기 때문에 지휘선의 일본 수군들이 상당수 피해를 입는다. 그러고는 선수를 돌려 현측에 있는 여섯 개의 화포 구멍이 적선을 향하도록 하고 지자 · 현자총통을 발사한다. 10 내지 20미터 이내의 거리이기 때문에 대부분 적선에 명중한다. 그러나 이때가 거북선이 가장 취약해지는 때이다. 일본 함선이 쏜살같이 접근하여 백병전을 시도하면 위험한 상황에 처하기 때문이다. 거북선에 거북 등 모양의 덮개를 씌운 것은 백병전을 시도하기 위해 접근하는 일본 병사들이 배 안으로 진입하지 못하게 하려고 특수 고안한 것이다. 거북선의 건조 척수는 한산대첩 때 확인되는 것이 3척이고 또 그 이후의 자료에서 5척이 확인된다. 우리가 생각하는 것처럼 많이 건조되지는 않았음을 알 수 있다. 그러나 비록 척수는 적었지만 돌격선으로서 거북선이 일본 수군들에게 준 충격은 엄청났다.

일본 측 자료를 보면 그들은 거북선을 맹선盲船이라고 불렀다. 조총과 활을 아무리 쏘아대도 꿈쩍도 하지 않고 돌격해오는 거북선, 앞이 안 보이는 장님처럼 무턱대고 달려들어서 지자 · 현자총통을 쏘아대는 거북선은 그야말로 일본 수군들에게 공포의 대상이었다. 그때 일본군의 심정은 마치 6 · 25전쟁 때 북한군의 탱크에 맞서 고작 카빈 소총이나 M1 소총으로 대응해야 했던 우리 국군이 가졌던 공포감과 유사했으리라. 거북선은 실제 전투력뿐만 아니라 심리적 측면에서도 매우 큰 효과를 거두었다.

한편 판옥선은 어떤 전술을 구사했을까. 임진왜란 당시 조선 수군은 총통 포격 전술을 구사하는 혁신 수군이었다. 당시 조선의 주력 전투함인 판옥선에는 선수에 2문, 현측에 8~10문, 돌격선인 거북선에는 선수에 1문, 현측에 6문의 총통이 배치되었다. 그렇다면 어떻게 기동해야 조선 수군의 장점인 총통의 화력을 가장 효과적으로 사용할 수 있을까. 근접할 때까지는 선수에 있는 총통을 사용하지만 궁극적으로 사정거리 내에 들어왔을 때는 다수의 총통이 배치되어 있는 현측이 적선을 보도록 기동하는 것이 중요하다. 한산해전 때 사용된 학익진鶴翼陣은 다수의 총통이 배치되어 있는 현측이 적선을 보도록 기동하면서 화력을 집중시키기 위한 기동전술이다.

한산해전에서 이순신은 일본 수군을 한산도 바깥 넓은 바다로 유인한 뒤 학의 날개 모양으로 적선을 에워싸고 판옥선, 거북선의 현측의 총통이 적선을 보도록 기동하면서 선두의 일본 함선 두세 척에 화력을 집중시켜 일시에 격파했다. 그리고 유리한 기세를 타고 일제히 전진하여 일본의 함선 73척 중 59척을 격파 및 나포하여 완전한 승리를 일구어냈다. 한산해전에서 구사된 학익진은 이후 근대 함포 포격전의 모델이 되었다. 300여 년 뒤 일본의 도고 제독이 러시아 발틱 함대와 싸울 때 사용했던 T자 전술 또는 丁자 전술은 적선이 사정거리 내에 들어왔을 때 아군 함선의 현측 포를 효과적으로 사용하기 위한 전술로서 학익진의 원리에서 비롯된 것이다.

거북선과 학익진은 이순신의 변화와 혁신형 리더십의 상징이다. 세상은 끊임없이 변화한다. 인류 역사도, 사회도 다 마찬가지다. 위대한 리더는 변화의 방향을 읽고 미리 준비하여 창의적 사고로 대처하는 자이다. 대한민국의 현재는 변화의 시기이며 변화해야만 하는 시기다. 정치도 변화해야 하고, 경제정책이나 기업문화도 바뀌어야 한다. 이런 변화에 적응하는 것뿐만 아니라 나아가 변화를 주도하기 위해 우리 대한민국의 리더들은 무엇을 준비하고 있는가. 무기 체계와 전술의 변화를 정확히 읽어내고 그 변화를 능동적으로 주도하기 위해 거북선과 학익진을 창안했던 리더 이순신, 그의 승리는 변화와 혁신의 승리였다. 미래 대한민국의 리더를 꿈꾸는 이들의 귀감이 아닐 수 없다.

가치 지향의 리더십

■ 리더의 삶은 어떤 방식으로든 리더가 속한 사회에 영향을 준다. 따라서 리더는 역사에 관통하는 보편적 가치에 대한 통찰력과 실천 의지, 이른바 역사의식이 있어야 한다. 그래야만 자신이 이끄는 조직과 사회에 대해 올바른 방향을 제시해줄 수 있기 때문이다. 특히 국가의 존망存亡과 부하들의 생사를 좌우하는 군의 리더라면 더더욱 그렇다. 전쟁도 인류의 보편적 가치를 구현하기 위한 것이라는 분명한 대의명분大義名分이 있을 때라야 그 정당성을 인정받을 수 있다.

《삼국지》를 읽어본 사람이라면 누구나 병법의 대가, 정치가로서의 제갈공명을 존경한다. 유비劉備를 도와 촉蜀나라의 중흥을 꾀하고 한때는 위魏나라의 조조曹操를 위기에 몰아넣기도 했지만 결국은 삼국통일의 위업을 이루는 데 실패했는데도 말이다. 그렇다면 제갈공명이 존경받는 이유는 무엇일까. 그 당시 유비의 촉나라는 조조의 위나라나 손권의 오吳나라에 비해 형

편없이 약했으며 삼국을 통일할 가능성이 가장 낮은 나라였다. 그런 상황에서 제갈공명이 유비의 삼고초려三顧草廬에 응하여 그와 의기투합한 이유는 촉나라가 유방劉邦이 세운 한漢나라 황실을 계승한 정통성을 지니고 있었기 때문이며 촉나라가 삼국을 통일하는 일이야말로 역사의 정기를 바로 세우는 일이라고 생각했기 때문이다.

이순신이 위대한 리더로 추앙될 수 있는 것은 임진왜란을 승리로 이끌며 그가 이룩한 국난 극복이라는 중차대한 성과에 가치의식과 역사의식이 내포되어 있기 때문이다. 가치의식이란 무엇이 가치 있는 것인지를 올바르게 인식하고 그것을 적극 실천하려는 의식이다. 역사의식이란 역사에 관통하는 보편적 가치가 무엇인지를 알고 그 보편적 가치가 역사 속에서 구현되도록 적극 참여하려는 의식이다.

그렇다면 이순신은 어떤 가치의식과 역사의식의 소유자였을까. 그가 지향했던 인생의 최고 가치는 의리義理 그리고 충忠과 효孝였다. 다음의 이순신의 좌우명은 이것을 확인해준다.

"장부丈夫가 세상에 태어나 쓰이게 되면 죽기로 일할 것이요, 쓰이지 못하면 들판에서 농사짓는 것으로 만족할 것이다. 권세 있는 곳에 아첨하여 한때의 영화를 훔치는 것 같은 것은 내가 제일 부끄럽게 여기는 것이다."《충민사기忠愍祠記》

한마디로 이순신은 출세 지향이 아니라 가치 지향, 의리 지향을 인생의 목표로 삼았던 사람이다. 그리고 한평생 이를 실천했다. 병조판서 김귀영이 자신의 서녀를 시집보낼 마음에 이순신에게 중매인을 보내자 "관직에 막 나온 내가 어찌 권세 있는 집에 발을 들여놓을 수 있겠는가?"라고 하며 중매인을 정중히 돌려보낸 일이나 이조판서로 있던 율곡 이이가 류성룡을 통해 만나보기를 청하자, "율곡과 내가 같은 덕수 이씨라 한번 만나봄 직도 하지만 그분이 관료들의 인사를 담당하고 있는 이조판서로 있는 동안에는 만나는 것이 옳지 않다"라고 거절한 일은 이순신의 인생관과 가치관을 확인할 수 있는 대표적인 사례이다.

정유년(1597) 초 통제사에서 파직되고 의금부에 하옥되어 심문을 받던 이순신은 백의종군 처분을 받고 풀려난다. 그리고 진주에 있는 도원수 권율의 휘하에서 백의종군하러 가는 길에 고향 아산에 들른다. 마침 여수 고음내에 있던 어머니 변씨가 배를 타고 아산으로 오고 있는 중이었다. 의금부에 하옥되어 있던 아들과 조금이라도 가까운 곳에 있고자 한 때문이었다. 그런데 여든이 넘은 노구를 이끌고 뱃길을 오는 것은 애당초 무리였다. 결국 변씨는 아산으로 오는 배 위에서 운명한다. 아산의 해암 포구에서 어머니의 시신을 만나게 된 이순신은 몸부림치며 절규한다. "내가 일생을 충과 효에 전념하였건만 오늘에 이르러 모두 허사가 되어 버렸구나." 백의종군의 몸이니 나라에 죄를 지은 것이요, 어머니를 돌아가시게 했으니 불효가 막심한 처지를 비관한 절규였다.

이순신은 소문난 효자였다. 이순신의 어머니도 참으로 멋지고 강직한 한국형 어머니의 표상이었다. 고음내에 있을 때 자신을 보러 온 아들이 어머니와의 이별을 아쉬워하며 머뭇거리자 "어서 가거라. 그리고 나라의 치욕을 크게 씻어라" 당부한 이가 변씨였다. 유학의 나라 조선에서 가족 윤리와 국가 윤리가 얼마나 절묘하게 융합되었는지를 보여주는 상징적 사례이다.

뿐만 아니라 이순신은 '정의가 승리하는 역사를 만들어야 한다'는 역사의식의 소유자였다. 이순신이 유능한 리더를 넘어 위대한 리더의 반열에 오른 이유는 바로 그가 제갈공명과 같은 의리 지향적 역사의식을 지녔기 때문이다.

다음의 글은, 갑오년(1594) 3월 웅천에서 일본군과 강화 협상을 하고 있던 명나라 관리 담종인譚宗仁의 패문牌文을 받고 이순신이 답장으로 보낸 〈답담도사금토패문答譚都司禁討牌文〉에 포함된 내용이다.

"왜적이 스스로 흔단을 일으켜 군사를 이끌고 건너와 죄 없는 우리 백성을 죽이고, 또 서울로 쳐들어가 흉악한 짓을 저지른 것이 이루 말할 수 없으므로 온 나라의 신하와 백성들의 통분함이 뼛속에 맺혀 이들 왜적과는 같은 하늘 아래서 살지 않기로 맹세하고 있습니다."

"강화한다는 것은 속임수에 불과합니다. 옛날부터 일본인들이 신의를 지켰다는 말을 들어본 적이 없습니다."

담종인이 보낸 패문에는, 지금은 강화협상 기간이니 일본군을 공격하지 말고 속히 조선군 진영으로 돌아가라는 내용이 포함되어 있었다. 이순신은 이 패문을 받고 울분을 금치 못했다. 그리고 직접 답서를 작성하여 담종인의 지시가 왜 부당한지를 조목조목 따졌다. 그리고 심정 같아서는 한 척의 배도 돌아가지 못하게 함으로써 나라의 원수를 갚고 싶지만 조선을 도우러 온 명나라 관리의 지시이니만큼 일단 따르지 않을 수 없으니 자신을 대신해서 일본군들에게 하늘의 이치[天理]가 무엇인지를 깨우쳐주기를 부탁했다. 그 내용은 이러하다.

"이제 (일본인들이) 강화한다는 것은 실로 속임과 거짓이옵니다. 그러나 대인의 뜻을 감히 어기기 어려워 잠깐 얼마쯤 두고 보려 하옵니다. 또 그대로 우리 임금께 아뢰려 하오니, 대인은 이 뜻을 널리 타이르시어 왜놈들에게 '하늘의 이치를 거스르고[逆天]' '하늘의 이치를 따르는[順天]' 도리가 무엇인지를 알게 하시면 천만다행이겠습니다."

이순신에게 있어서 임진왜란은 침략자 일본군들을 철저히 응징하여 역천逆天과 순천順天의 도리가 무엇인지를 깨우치게 하기 위한 그야말로 '정의의 전쟁'이었던 것이다. 이러한 생각은 비단 이순신만 가진 것이 아니었다. 유학적 세계관으로 의식화된 조선의 리더, 지식인들은 보편적으로 의리 지향적 역사의식의 소유자들이었다. 그래서 조선에서는 임진왜란 등 위기 상황에 직면할 때마다 의병義兵이 떨쳐 일어나 활약하는 일이 있었던 것이다.

노량해전 직전 순천에서 해상 봉쇄를 당하고 있던 일본의 고니시 유키나가는 조·명 연합 함대 사령관격인 명나라 수군 도독 진린陳璘에게 뇌물을 보내 회유하려고 했다. 마음이 흔들린 진린이 고니시 유키나가의 부대를 놓아주려고 하자 이순신은 그를 다그친다.

"이 적들은 우리나라에 있어서는 이미 한 하늘 밑에서 살 수 없는 원수요, 또 명나라에 있어서도 죽여야 할 죄를 지었는데 도독은 도리어 뇌물을 받고 화의를 하려 하오?"

이순신의 논리 정연한 질책에 진린도 결국에는 뜻을 함께했다. 이순신과 의기투합한 진린은 뇌물을 받고 고니시 유키나가와의 전투를 회피하고 있던 육지 쪽의 명나라 장수 유정劉綎을 향해 큰소리로 외쳤다.

"나는 차라리 순천의 귀신이 될망정 의리상義理上 적을 놓아 보낼 수 없다."

이순신의 설득을 받아들여 침략자 일본군을 응징하는 데 끝까지 최선을 다한 중국 장수 진린 또한 훌륭한 리더라고 하지 않을 수 없다.

반인륜적이고 패륜적인 침략 행위에 대해서는 하늘을 대신해서 철저히 응징해야 한다. 그래서 정의가 승리한다는 것을 분명히 보여주어야 한다. 그렇게 하기 위해서는 침략자 일본군을 단 한 척도, 단 한 명도 일본으로 돌려보내선 안 된다. 만약 그렇지 못할 경우 일본인들은 대의大義를 저버린 침략 행위를 또다시 되풀이할 것이다. 이것이 마지막 노량해전에서 이순신이 고니시 유키나가의 부대를 끝까지 해상 봉쇄하고 나아가 이들을 구원하러 출동한 일본 수군을 남김없이 격파하고자 했던 이유이다.

일본군을 향한 상상을 초월하는 이순신의 적개심의 바탕에 '정의가 승리하는 역사를 만들어야 한다'는 역사의식이 자리하고 있었던 것이다. 단순한 승리를 넘어 '정의'라는 보편적 가치가 역사 속에서 구현되기를 바랐던 이순신, 보편적 가치의 구현을 위해 목숨을 담보로 한 이순신, 우리가 그를 위대한 리더라고 부르는 까닭이다.

대한민국은 지난 60여 년 동안 엄청난 양적 성장을 이룩하였다. 비약적인 경제 발전을 이룬 것도 분명할뿐더러 세계는 우리나라를 최고의 IT 강국이라 부른다. 그러나 대한민국이 품격 있는 나라가 되고 우리 국민이 모두 행복하려면 이런 양적 성장에 걸맞은 가치의식, 역사의식이 정립되어야 한다. 비약적인 성장에 따른 양극화의 갈등 속에서 소외되는 이웃은 늘어만 가고, 경쟁 일변도의 학교교육은 사교육과 폭력으로 붕괴되어 간다. 차마 입에 올리지 못할 성범죄 또한 극성이다. 이는 모두 양적 성장을 따라가지 못하는 가치의식, 역사의식의 부재에서 기인한 어두운 그림자들이다.

권력욕, 명예욕, 출세욕, 물욕 등이 넘쳐나는 오늘 우리의 시대 상황 속에서 이웃을 배려하고 고통을 함께하는 품격 있는 사회로 도약하기 위해 먼저 우리 사회의 리더들이 이순신처럼 가치의식과 역사의식으로 무장했으면 한다. 가치의식과 역사의식은 사람이 쉽게 빠지기 마련인 자기중심의 이기적 태도에서 벗어나 이웃과 국가, 나아가 인류를 생각하게 한다.

부모에게 효도하고 나라와 백성을 위해 충성을 다했던 이순신, 불의한 상관의 압력에 굴복하지 않고 맞선 대가로 당한 세 번의 파직과 두 번의 백의종군을 묵묵히 감내한 이순신, 침략자를 철저히 응징하여 정의가 승리하는 역사를 만들고자 했던 이순신, 그 힘의 원천에 그의 견고한 가치의식, 역사의식이 자리하고 있었다. 우리의 리더들이 진정 유념해야 할 부분이다.

소통의 리더십 ❶

■ 이순신이 살았던 조선은 신분사회였다. 지금보다도 훨씬 권위적이고 차별적인 사회였다. 그러나 이순신은 오늘날의 리더들보다도 훨씬 소통이 원활했다. 함께 밥을 먹고, 함께 활을 쏘고, 뒤풀이로 술자리를 함께했다. 군사에 관한 중요한 일은 언제나 지휘관이며 참모들과 상의했다. 문제가 있을 때는 언제든지 휘하 장수들이 이순신을 찾아 자신의 견해를 허심탄회하게 피력했다.

임진왜란 발발 초기 원균의 구원 요청 공문을 받고서도 경상도 해역으로 출동할 것인가 아니면 전라도 해역을 지킬 것인가의 문제를 두고 이순신은 휘하 장수들과 열띤 토론을 벌였다. 그러고는 "나라를 구하는데 경상도, 전라도가 웬 말인가. 경상도 해역으로 출동하는 것이 옳다"라고 대의명분에 기초한 결론을 내린다. 출동하기로 결정했으니 이제 출동 날짜를 정해야 했는데, 그것이 또 문제였다. 이억기가 지휘하는 전라우수영의 함대가 빨리 도착해야 함께 출발할 수 있는데 이억기의 함대는 약속보다 도착이 지연되고 있었다.

이때 용장勇將으로 소문난 녹도 만호 정운이 이순신과의 독대를 청해 자신의 의견을 피력한다. “전라우수사는 오지 않고 왜적은 점점 서울 가까이 다가가니 통분한 마음 이길 길 없거니와 만약 기회를 늦추다가는 후회해도 소용이 없습니다.”임진년 5월 3일 일기 이날이 임진년(1592) 5월 3일이다. 이순신은 정운의 건의를 듣고 곧바로 그 자리에서 출동 명령을 내린다. 이렇게 해서 조선 수군의 첫 출동이 5월 4일 새벽에 이루어지게 된 것이다.

이순신은 해상작전 계획을 짤 때에도 늘 전라우수사와 휘하 5관 5포의 부사, 첨사, 만호, 현감 들과 상의하면서 일을 처결했다. “진해루에 앉아서 방답 첨사, 흥양 현감, 녹도 만호를 불러들였다. 그들은 모두 분격하여 제 한 몸 잊어버리는 것이 과연 의사라 칭할 만하다.”임진년 5월 1일 일기 여수 본영의 진해루, 한산도의 운주당은 소통의 공간이었다. 이순신은 소통을 통해 전라좌수영 소속의 순천 부사 권준, 방답 첨사 이순신李純信, 녹도 만호 정운, 광양 현감 어영담, 흥양 현감 배흥립 등의 장수와 함께 의형제에 버금가는 결속력을 다졌다. 그러한 유대가 전라좌수군의 전투력을 통합할 수 있는 토대가 되었으며 나아가 모든 해전을 승리로 이끄는 원동력이 되었다.

그런데 전승무패의 승전 가도를 달리던 조선 수군은 정유년

(1597) 2월 통제사 교체를 계기로 파국을 맞는다. 새로운 통제사 원균이 지휘하는 조선 수군은 칠천량에서 전멸에 가까운 패배를 당했기 때문이다. 임진년에 70여 척에 불과했던 조선의 함선은 5, 6년에 걸친 지속적인 건조 사업으로 칠천량해전 직전에는 160~180여 척에 달했으니 이때의 조선 수군의 전투력은 개전 이후 최강 수준이었다. 그럼에도 불구하고 조선 수군이 하루아침에 궤멸된 것이다. 어떻게 이런 일이 벌어졌을까. 통제사 이순신이 파직되기 전까지 벌인 30여 회의 해전에서 단 한 번도 패한 적이 없는, 단 한 척도 격파되지 않았던 조선 수군이 아니었던가. 그토록 막강했던 조선 수군이 어떻게 이처럼 무참히, 힘 한 번 제대로 써보지 못하고 궤멸해버린 걸까.

칠천량해전의 패전 원인에 대해서는 이후 두고두고 많은 이야기가 오르내렸다. "순신이 진영에 있을 때 운주당을 짓고 여러 장수와 더불어 그 속에 모여 일을 의논했는데, 원균은 기생첩을 두고 울타리를 둘러치고 술에 취하여 일을 살피지 않으니 모든 군심軍心이 이반되어 모두들 '적이 오면 달아날 따름이다'라고 했다."《국포쇄언菊圃鏁言》 "원균이 부임해서는 군중의 규례를 모두 뒤집어 형벌만 혹독하게 하므로 온 군중이 분개하고 원망하여 모두들, '적이 오면 달아나는 수밖에 없다'고들 하였다."《선묘중흥지宣廟中興志》

수군의 최고 리더인 통제사 원균과 예하 지휘관 및 참모 간에 전혀 소통이 이루어지지 않는 상황이 칠천량해전을 앞둔 조선 수군의 모습이었다. 해전에 앞서 적전 분열의 상황이 되었으니 칠천량해전의 패배는 이미 예견된 것이나 다름없었다. 실제 칠천량해전에서 조선 수군은 일본 수군의 야간기습으로 전열을 가다듬기도 전에 궤멸되고 만다. 대부분의 장수들이 열심히 싸우기는커녕 도망가기에 바빴다. 칠천량해전 후 보존된 조선의 함선은 10여 척에 불과했다. 그것도 경상우수사 배설이 몰고 도망쳐나온 함선들이었다.

칠천량해전의 패배 원인으로는 다음 몇 가지를 들 수 있다. 첫째는 일본군이 재침하지 못하도록 부산 앞바다를 가로막으라는 임금 선조와 도원수 권율 중심의 조정의 전쟁 지휘부와 부산 앞바다를 가로막으려면 웅천, 안골포 등에 포진해 있는 일본군을 격파하면서 수륙으로 함께 나아가야 한다고 주장하는 수군 지휘부 간의 갈등이요, 둘째는 수군의 최고 리더인 통제사 원균과 휘하 장수들 간의 불통不通이다.

이순신이 통제사였을 때는 늘 부하 장수, 참모들과 함께 모여서 군사 일을 의논하고, 실행에 옮겼으며 이런 소통을 기반으로 리더와 구성원은 모두 한마음 한뜻이 되어 싸웠다. 그러나 원균은 울타리를 둘러치고 부하 장수들이나 참모들과 함께 일을 의논하지도 않고 독단적으로 일을 처리했으니 상하가 한마음 한뜻이 되어 싸우기를 기대하는 것은 애당초 무리였다. 통제사 원균이 지휘하는 한산도의 삼도 수군의 분위기가 심상치 않았다는 것은 이순신의 일기에도 보인다. "늦게 충청 우후 원유남이 한산도로부터 와서 원균의 못된 짓을 많이 전하고, 또 진중의 장졸들이 모두 다 배반함으로 앞으로 일이 어찌 될지 알 수 없으리라고 했다." 정유년 5월 5일 일기

일기를 쓸 당시 이순신은 도원수 권율 밑에서 백의종군하기 위해 가는 도중으로 순천에서 휴식을 취하고 있었다. 한 달에 걸친 옥살이와 어머니의 장례 등으로 피로한 심신을 추스르고 기운을 회복하라는 권율의 배려가 있었기 때문이다. 이 시기를 전후해서 한산도에 있는 옛 부하들이 이순신을 방문해서 한산도 상황을 전하는 내용이 일기 곳곳에 보이는데, 칠천량해전이 벌어지기 두 달여 전에 이미 한산도에 있는 삼도 수군의 지휘관과 참모들 입에서 '해전이 벌어지면 어찌 해볼 도리가 없다', '적이 오면 달아날 따름이다'라는 말이 공공연히 나돌고 있었음을 알 수 있다.

이렇게 보면 칠천량해전에서의 조선 수군의 패배는 부산 앞바다를 차단하라는 조정의 무모한 작전 지시도 원인이었지만 수군의 최고 지휘관인 통제사와 예하 지휘관, 참모 사이의 불화와 불통이 더 근본적인 원인이었다고 하겠다. 이른바 리더십 부재 상황, 불통이 칠천량해전 패전의 핵심요인이었던 것이다.

대한민국에서는 대선 때만 되면 영남과 호남의 지역 갈등이 조장되고 정치인들은 그것을 이용하여 권력 쟁취에 열을 올려

온 게 사실이다. 또한 자본이 양극화함에 따라 진보는 서민과 노동자, 보수는 중산층 이상의 부자를 대변하는 개념으로 이해되어왔다. 게다가 세대간 경험의 차이에 따라 50대 이상 산업화 시대를 주도했던 세대는 보수, 그 열매를 향유하는 40대 이하 세대는 진보라는 관점도 있고, 성장을 지지하면 보수, 분배나 복지를 강조하면 진보라는 인식도 있다. 그러나 역사는 그 어느 관점도 우리를 행복하게 하는 절대적 진리가 아니며 양자택일의 문제는 더더욱 아니라는 것을 알려준다.

오늘의 이 시대는 자유냐 평등이냐 또는 성장이냐 분배냐를 가르는 흑백논리의 시대가 아니다. 우리는 이미 냉전의 산물인 흑백논리가 낳은 비극의 시대에서 벗어나 다양성, 융복합성을 이야기하는 시대에 살고 있다. 이런 면에서 미래 대한민국의 리더를 꿈꾸는 사람들은 자유냐 평등이냐, 성장이냐 분배냐, 진보냐 보수냐 하는 문제에서 벗어나 '이런 개념이나 가치들을 어떻게 융복합해야 대한민국 국민 모두를 행복하게 할 수 있을까?'를 고민해야 한다. 바로 지금은 대한민국의 역사 발전에 있어서 인식의 대전환이 필요한 시점이라는 이야기다.

이럴 때 정말로 필요한 것이 바로 소통이다. 소통의 일상화를 통해 조선 수군의 전투력을 극대화한 이순신, 불통으로 인해 칠천량해전에서 전멸에 가까운 패배를 자초한 조선 조정과 원균 등에게서 우리는 소통의 중요성에 대한 값진 교훈을 얻는다. 소통을 통해 자유와 평등, 진보와 보수, 성장과 분배 등의 다양한 가치를 통합하고 지역, 세대, 부처, 직종 간의 갈등을 해소하여 국력을 통합하는 것이야말로 오늘날 이 땅의 리더들에게 부여된 역사적 소명이다.

소통의 리더십 ❷

■ 리더십에서 리더와 구성원 사이의 허심탄회한 수평적 대화나 논리적 설득이 중요한 이유는 그것을 통해 이성적 공감이 이루어질 수 있기 때문이다. 리더와 구성원이 상호 이성적으로 공감하면 구성원은 자발적으로 조직 공동체를 위해 자신의 역량을 쏟아붓게 되어 있다. 심지어는 하나밖에 없는 목숨도 아무런 조건 없이 내어놓을 수 있는 것이 사람이다. 이것이 리더십에서 원활한 소통이 강조되는 이유이다. 이른바 사람은 천성적으로 의리義理, 명분名分, 이치理致에 부합하는 것을 좋아하는 '이성적 존재'라는 인간관에 기초한 리더십이다.

이순신이 쓴《난중일기》에는 이순신이 스스럼없이 동료 수사나 부하 장수들과 대화를 나누었다는 내용이 수없이 등장한다. "식후에 충청 수사 정걸과 광양 현감 어영담이 와서 종일토록 군사 일을 이야기했다." 계사년 6월 4일 일기 "아침 후에 전라우수사 이억기와 함께 적을 토벌할 것을 의논하는 참에 가리포 첨사도

오고 경상우수사도 와서 함께 의논했다." 계사년 6월 25일 일기 "늦게 전라우수사, 경상우수사 및 두 조방장, 충청 우후, 경상 우후, 가리포 첨사, 평산포 만호 등 열아홉 장수들과 함께 모여 이야기했다." 병신년 8월 15일 일기

대화는 감성도 감성이지만 기본적으로 이성에 호소하여 공감을 불러일으키는 소통의 방법이다. 이 방법은 일정한 정도의 지식을 지닌 식자층이나 리더 계층에 매우 큰 효과가 있다.

이순신은 부하 장수들과의 소통을 위해 어떤 방법을 즐겨 사용했을까.

첫 번째로 소개할 것은 임진년(1592) 첫 출동을 앞두고 보여준 이순신의 의사 결정 사례이다. 임진왜란이 발발하자 경상우수사 원균은 4월 14일 저녁 전라좌수사 이순신에게 도움을 요청했다. 이순신은 부하 장수들을 불러 모아 이 문제를 토론하도록 했다. 많은 장수들이 전라도의 수군은 전라도를 지키는 것이 마땅하며 굳이 경상도 해역으로 출동할 이유가 없다고 주장했다.

이때 군관 송희립이 "큰 적들이 국경을 치고 들어와서 그 형세가 마구 뻗쳤는데 가만히 앉아서 외로운 성만 지킨다고 혼자 보전되어질 리도 없으니 나가 싸우는 것만 같지 못합니다"《행록》라고 했다. 또 녹도 만호 정운은 "신하로서 평소에 국은國恩을 입고 국록國祿을 먹다가 이런 때에 죽지 않고 어떻게 감히 앉아서 보고만 있을 것이오"《행록》라고 하면서 송희립의 주장을 거들었다.

부하 장수들의 갑론을박을 조용히 듣고 있던 이순신은 녹도

만호 정운의 말을 듣고는 매우 기뻐하며 큰소리로 외쳤다. "국가가 위급하게 된 이때 어찌 다른 도의 장수라고 핑계하고서 물러나 제 경계만 지키고 있을 것인가. 내가 시험 삼아 물어본 것은 우선 여러 장수들의 의견을 들어보자는 것이었다. 오늘 우리가 할 일은 다만 나가서 싸우다가 죽는 것밖에 없다."《행록》

이순신은 경상도 해역으로의 출동 여부를 놓고 부하 장수들의 다양한 의견을 청취하고는 현재의 상황에서 무엇이 최선의 방책인지를 도출했다. 나라를 지키는 데 전라도, 경상도의 구분이 있을 수 없다는 이순신의 최종 결정에 경상도 해역으로의 출동을 반대했던 장수들도 감동하여 죽기를 맹세하면서 전투 의지를 불태웠다고 전해진다. 이순신의 대의명분에 기초한 이성적 호소가 공감을 불러일으켰던 것이다.

두 번째는 칠천량해전 패배 이후 다시 통제사에 임명되었을 때의 사례이다. 삼도 수군을 장악하기 위해 이순신이 전라도 회령포에 도착했을 때 남은 전선은 고작 10여 척에 불과했다. 여러 장수들은 전투 의지를 잃고 회피할 꾀만 내고 있었다. 이순신은 여러 장수들을 불러 모으고 일장 연설을 했다.

"우리들이 임금의 명령을 함께 받들었으니 의리상義理上 죽는 것이 마땅하다. 그런데 사태가 여기까지 이른 다음에야 한 번 죽음으로써 나라의 은혜에 보답하는 것이 무엇이 그리 아까울 것이냐."《행록》

이순신의 이 말을 들은 부하 장수들은 모두 감동했다. 이성적 공감을 통해 부하 장수들의 마음을 다잡은 이순신은 명량의 좁은 물목을 해전 장소로 택하고 일본 수군과의 해전을 준비한다. 명량해전은 절대 열세의 해전이었다. 그렇다고 피할 수도 없는 해전이었다. 명량이 뚫릴 경우 남해, 서해로 이어지는 일본의 보급로가 확보되고, 보급로가 확보되면 조선은 더는 버틸 수가 없는 상황이었기 때문이었다.

명량해전 하루 전 이순신은 또 부하 장수들을 불러 모았다. 그러고는 "병법에 '죽기를 각오하고 싸우면 살고, 살려고 꾀를 내고 싸우면 죽는다'라고 하였고 또 '한 사람이 길목을 지키면 천 명이라도 두렵게 할 수 있다'라고 하였는데, 모두 오늘 우리를 두고 이른 말이다." 정유년 9월 15일 일기라고 하면서 죽기를 각오하고 싸워줄 것을 당부한다.

이 내용 속에는 명량해전의 승리 요인의 비밀이 고스란히 담겨 있다. 그것은 다름 아닌 조선 병사들로 하여금 죽기를 각오하고 싸우게 한 이순신의 리더십 그리고 좁은 물목을 해전 장소로 택하여 절대 열세의 상황을 극복하고자 했던 이순신의 탁월한 전략전술이 비밀 아닌 비밀이었던 것이다. 그리고 이런 내용을 부하 장수들에게 자세히 설명하여 이성적 공감을 불러일으킨 이순신의 소통의 리더십이야말로 또 하나의 중요한 승리 요인이었던 것이다.

고결한 인격의 리더십

이순신의 주변에는 늘 사람들이 모여들었다. 원균의 주변에 있던 사람들은 흩어져갔다. 무엇이 이런 상반된 결과를 낳았을까. 고결한 인격 때문이었다.

인격이란 무엇인가. 그것은 동물과 구별되는 사람의 고유한 품격이다. 동물은 생리적인 욕구나 본능에 따라 행동한다. 그들에게는 타자가 존재하지 않는다. 종족을 보존하는 데 필요한 모성애와 부성애가 본능적으로 작동할 뿐이다. 사람이 동물과 구별되는 것은 타자에 대한 배려, 희생, 헌신, 사랑이라는 영역이 존재하기 때문 아니겠는가. 이것은 동물들의 본능적인 모성애나 부성애와는 달리 자각적으로 나를 넘어 가족을, 이웃을, 국민을, 인류를 사랑할 수 있는 능력이다.

이순신은 유학의 가르침대로 부모에 대한 사랑과 가족에 대한 사랑으로부터 나아가 타인까지를 사랑하는 역량을 키워나갔다. 이순신이 39세 때 함경도 건원보에서 권관 생활을 할 때

아버지 이정李貞이 유명을 달리했다. 이후 홀로 남은 어머니에 대한 이순신의 효성은 남달랐다. 일기의 상당 부분이 어머니의 안부에 관한 이야기일 정도이다. 음력 5월 4일은 이순신의 어머니의 생신이다. "이날은 어머님 생신이건만, 적을 토벌할 일 때문에 가서 축수의 술잔을 드리지 못하게 되니 평생 유감이다."계사년 5월 4일 일기

어머니에 대한 효성은 그대로 가족에게로 연결되었다. 이순신의 두 형인 희신羲臣, 요신堯臣은 일찍 세상을 떠났다. 그렇게 되자 조카들을 돌보는 일이 이순신의 몫이 되었다. 정읍 현감 시절 조카들을 모두 데리고 부임하자 사람들이 관리가 식구들을 너무 많이 데리고 다닌다고 수군댔다. 당시의 규정에는 관리가 식구를 지나치게 많이 데리고 다니면 남솔濫率이라고 하여 처벌의 대상이 되었던 것 같다. 이순신은 고민 끝에 "내가 식구들을 많이 데리고 다닌다 해서 처벌을 받을지언정, 차마 이 어린 조카들을 내치지 못하겠다"라고 하며 끝까지 조카들을 돌보았다. 그리고 모든 일에 있어서 자식보다도 조카들을 먼저 챙겼다.

이러한 이순신의 고결한 인격은 병사들에 대한 사랑으로 이어진다. "바람이 몹시 차가워 뱃사람들이 얼고 떨 것을 염려하여 마음이 안정되지 않는다." "흐리고 가는 비가 오더니 저녁에 큰 비가 쏟아지기 시작하여 밤새도록 내렸다. 집에 비가 새어 마른 데가 없었다. 여러 사람들의 거처가 괴로울 것이 무척 염려스

러웠다." "군사 5,480명에게 음식을 먹였다."

이순신의 부하들에 대한 사랑은 투항한 일본인들에게도 예외가 아니었다. "늦게 대청에 나가서 서류를 처결한 다음 투항한 왜인들에게 술과 음식을 먹였다."

나아가 이순신의 사랑은 백성들에게도 그대로 이어졌다. 둔전을 경작하게 하여 삶의 터전을 만들어준 것이다. "신臣이 피난민들이 들어가 살 곳을 생각한바, 돌산도 만한 곳이 없습니다. ……(중략)…… 지금은 국사가 어지럽고 백성이 살 길을 잃었으므로 의지할 곳 없는 백성들이 들어가 농사를 짓더라도 말 먹이는 일에 해로움이 별로 없을 것인즉, 말을 먹이고 백성도 구제하니 양편으로 다 편리할 것이라 망령되이 생각합니다." 여수의 돌산도는 원래 말을 기르는 곳이었다. 그러나 이순신은 전쟁의 와중에 생계가 막막한 백성들에게 돌산도를 개간하여 경작할 수 있도록 조정에 건의한 것이다. 그러자 이순신이 근무했던 여수의 돌산도, 정유재란 이전까지 조선 수군 통제영의 전진기지였던 한산도, 명량해전 이후 삼도수군통제영의 역할을 한 고금도 등에는 백성들이 모여들었다. 결국 수군 기지 주변의 민, 관, 군의 전투 역량이 통합된 중심에 이순신의 고결한 인격이 자리하고 있었던 셈이다. 이순신은 맹자가 말한 인자무적仁者無敵(어진 자는 대적할 자가 없다)의 철저한 실천자였던 것이다.

고결한 인격은 하루아침에 만들어지는 것이 아니라 꾸준히 사랑을 실천하고 끊임없이 욕구를 극복하는 체험을 통해 함양

되는 것이다. 이순신은 매일 일기를 쓰고, 시를 짓고, 음악을 들으면서 부하 장병들과 백성과 나라를 사랑하는 힘을 키웠다. 이순신은 감성이 매우 여린 사람이었다. 비가 주룩주룩 내리는 날에는 마음이 심란하여 대금을 잘 부는 군관을 불러 음악을 들려달라 청했던 이가 이순신이었다. 달이 대낮처럼 밝은 날이면 어머니 생각, 임금 생각, 백성 생각에 잠을 못 이룬 이가 이순신이었다. "한산섬 달 밝은 밤에……"로 시작되는 한산도가閑山島歌에서 이순신의 감성을 이해할 수 있다. 이런 순수한 감성을 유지할 수 있었기 때문에 이순신은 자신의 욕망을 뛰어넘어 백성과 나라를 위한 삶을 살 수 있는 고결한 인격을 지닐 수 있었다.

자율적이든 타율적이든 모든 리더십의 바탕에는 리더의 인격이 자리한다. 처벌을 하더라도 리더의 인격에 기초한 사랑 또는 공정성이 포함되어 있을 때 그 효과가 배가된다. 이순신은 1592년 2월 전라좌수사로 부임하여 전라좌수영 소속 지휘관, 참모들과 인연을 맺는다. 시간이 지나면서 전라좌수영의 지휘관, 참모들은 대부분 열렬한 이순신의 지지자가 되었다. 나라와 백성을 위하는 그의 고결한 인격에 감화되었기 때문이다. 1593년 8월 삼도수군통제사에 임명되고부터는 전라우수영, 경상우수영 등 타도의 장수들 가운데도 지지자가 생겨났다. 뿐만 아니라 통제영 관할의 백성들과 의병, 승병들도 이순신을 따르고 존경했다. 그런 면에서 이순신은 나라 걱정, 백성 걱정으로 힘든 전쟁 시기를 보냈지만 인간적으로는 행복한 사람이었다.

《삼국지》를 보면 유비, 관우, 장비가 의형제를 맺었다는 도원결의桃園結義가 소개되고 있다. 이순신에게도 그런 의형제 같은 부하 장수들이 있었을까. 이순신은 녹도 만호 정운이 부산포해전에서 전사하자 정운을 녹도에 있는 이대원 사당에 함께 배향해주기를 요청하는 장계를 조정에 보내는데 여기에 유사한 내용이 보인다.

"여러 장수들 중에서도 순천 부사 권준, 방답 첨사 이순신, 광양 현감 어영담, 흥양 현감 배흥립, 녹도 만호 정운 등은 달리 믿는 바가 있어서 서로 같이 죽기를 기약하고서 모든 일을 함께 의논하여 계획을 세웠는데……. (후략)" 〈청정운추배이대원사장請鄭運追配李大源祠狀〉

이 장계를 통해 우리는 이순신에게 의형제 같은 5인의 장수가 있었음을 확인할 수 있다. 임진년 제1차 출동을 앞두고 경상도 해역으로의 출동 여부를 놓고 부하 장수들 사이에 의견이 분분했다. 이순신은 부하 장수들의 반응을 일기에 적고 있는데 여기서도 이들의 이름이 일부 거명된다. "진해루에 앉아서 방답 첨사 이순신, 흥양 현감 배흥립, 녹도 만호 정운을 불러들였다. 그들은 모두 분격하며 제 한 몸을 잊어버리는 것이 과연 의사義士라고 할 만하다." 임진년 5월 1일 일기 이들은 일본군의 침략에 분개하면서 경상도 해역으로 출동하는 것을 적극 지지했으며 이순신은 이들을 의사라고 지칭할 만큼 신뢰했다.

그러나 전라좌수영 소속 지휘관 중에도 경상도 해역으로 출동하는 것을 달갑게 여기지 않는 장수가 있었다. "오정 때 배를 타고 바다로 나가 진을 치고 여러 장수들과 함께 약속하니 모두 즐거이 나갈 뜻을 품는데, 낙안 군수 신호는 회피하려는 뜻을 가진 듯해서 한탄스러웠다."임진년 5월 2일 일기 그러나 초기에 부정적인 이미지를 가지고 있었던 낙안 군수 신호도 결국은 이순신의 능력과 인품에 감복되어 그의 지지자가 되었다. 을미년(1595) 신호가 파직되자 이순신은 그를 자신의 조방장으로 삼았다.

의형제와 같았던 5인의 장수들에 대해 간략히 살펴보자. 순천 부사 권준은 일본군의 침략 소식을 듣고 가장 먼저 여수로 달려와 이순신과 함께 대책을 논의했던 장수다. 문과 출신이었지만 이순신이 칭찬할 정도로 활 쏘는 실력이 출중했다. 동명이인인 방답 첨사 이순신李純信은 임진년 제1차 출동 때 중위장을 맡았으며 '적을 사살하는 데 주력하고 목을 베는 일에 힘쓰지 말라'는 이순신의 지시를 가장 충실히 따른 장수였다. 이순신이 통제사에서 파직되고 의금부에 하옥되었다가 백의종군 처분을 받고 풀려나던 정유년(1597) 4월 1일, 술병을 차고 와서 밤새 위로했던 이가 이순신이었다. 갑오년(1594) "수륙의 여러 장수들이 팔짱만 끼고 서로 바라보면서 한 가지라도 계책을 세워 적을 치는 일이 없다"갑오년 9월 3일 일기는 임금의 질책성 밀지密旨를 받고 이순신이 괴로워하고 있을 때, 밤늦게 방문하여 이순신을 위로하고 그 이튿날 이른 아침 또 찾아와 심기를 살피던 이는 흥양 현감 배흥립이었다. 정의감과 용기가 남달라 경상도 해역으로의 출동을 적극 주장하고, 임진왜란 발발 직전 이순신으로부터 최고의 전투 준비 태세를 갖추었다고 평가 받은 이는 녹도 만호 정운이었다. 전라도와 경상도의 지리에 밝아 출동할 때마다 언제나 앞장서 물길을 인도하고 선두에서 용전분투했던 이는 광양 현감 어영담이었다.

전라좌수영 소속 장수들뿐만 아니라 원균 휘하 경상우수영 소속의 장수들도 이순신의 인격에 감화되어 좋은 감정을 가지게 되었다. 소비포 권관 이영남, 웅천 현감 이운룡 등은 수시로 이순신을 찾아와 활도 쏘고, 군사 일도 의논하고, 식사를 함께 했다. 이영남의 경우 마지막 노량해전에서 가리포 첨사 신분으로 참전하여 이순신과 함께 장렬히 전사했다. 그는 이순신이 아들처럼 아끼던 장수였다.

뿐만 아니라 이순신 주변에는 탁월한 전문성을 지닌 지휘관, 참모들이 모여들었다. 판옥선 건조와 각종 무기 개발에 일가견이 있었던 정걸, 거북선 건조를 책임진 나대용, 화약 제조기술을 소유한 이봉수, 정철 조총을 개발한 정사준, 모병과 군량 조달에 힘쓴 종사관 정경달 등 다양한 분야의 전문성을 가진 사람들이 이순신과 함께했다.

나아가 백성들이 모여들었다. 한산도에서뿐만 아니라 고금도에 통제영을 설치했을 때도 순식간에 수많은 백성들이 모여

들어 인산인해를 이루었다. 이순신의 고결한 인격에 감복했기 때문이었다. 또한 이순신 곁에 있으면 살 수 있다는 희망 때문이었다.

이순신이 전사한 뒤 남해 연안을 순시하던 좌의정 이덕형李德馨은 다음과 같은 보고서를 조정에 올린다. "……첩보가 있던 날 군량을 운반하던 인부들이 이순신의 전사 소식을 듣고서 무지한 노약자라 할지라도 대부분 눈물을 흘리며 서로 조문하기까지 했으며, 이처럼 사람을 감복시킬 수 있었던 것이 어찌 우연한 것이었겠습니까. 이순신이 나라를 위하여 순직한 정상은 옛날의 명장에게도 부끄러울 것이 없었습니다."〈선조실록〉, 무술년 12월 7일 무엇이 무지한 노약자까지도 이순신의 전사 소식에 눈물을 흘리고 서로 조문하도록 감복시켰을까. 그것은 '자기중심'이 아니라 '나라와 백성 중심'의 삶을 살고자 했던 이순신의 고결한 인격 때문이었다. 이것이 인격이 리더십인 이유이다.

이순신의 인격에 감동하여 뜻을 함께하고자 한 사람은 비단 관직에 있는 사람들뿐만이 아니었다. 이순신이 군사를 모집한다는 소문을 듣고 영·호남 일대에서 의병, 승병들이 구름처럼 모여들었다.

"승려들이 소문을 듣고 즐거이 모여들어 한 달 이내에 무려 400여 명에 이르렀습니다. 그 중에서 용기와 지략이 있는 순천에 사는 승려 삼혜三慧를 시호별도장, 흥양에 사는 승려 의능義

能을 유격별도장, 광양에 사는 승려 성휘成輝를 우돌격장, 광주에 사는 승려 신해信海를 좌돌격장, 곡성에 사는 승려 지원智元을 양병용격장으로 정하고, 달리 더 소집할 무렵에 구례에 사는 진사 방처인房處仁, 광양에 사는 한량 강희열姜姬悅, 순천에 사는 보인保人 성응지成應祉 등이 ……(중략)…… 의병을 일으켰으므로 방처인을 도탄으로, 강희열과 승려 성휘 등을 두치로, 승려 신해를 석주로 ……(중략)…… 성응지는 순천성을 수비하는 일을 맡기고……. (후략)"〈분송의승파수요해장分送義僧把守要害狀〉

이처럼 이순신은 자발적으로 모여든 승병과 의병들을 도탄, 두치, 석주, 순천성 등 영 · 호남 경계에 있는 주요 방어 지역에 배치했다. 일본군들이 지상으로 호남을 침범할 것에 대비하는 조치였다.

그런데 평양까지 진격하였던 일본군이 조 · 명 연합군에 패퇴하자 조정에서는 도망가는 일본군에 대해 "바닷길을 막아 무찌르라"는 명령을 내리는데, 이때 이순신은 승병과 의병의 일부를 해전에 투입한다. "많이 도망치는 적을 가로질러 막아 모조리 무찌르자면 병세가 외롭고 약해서는 안 되겠으므로 소속 수군을 많이 정비하고 의병장 성응지와 승장 삼혜, 의능 등에게도 전선을 나누어주어 수선해서 갈라타고 함께 바다로 나가도록 명령하였습니다."〈분송의승파수요해장〉 바야흐로 의병과 승병으로만 구성된 수군 부대가 탄생하는 순간이다.

실제로 의병과 승병의 활약은 결코 적지 않았다. "자진해서 수군을 모집하여 들어온 의병장 순천 교생 성응지 와 승장 수인守仁, 의능 등이 이번 전란에 제 몸의 편안을 생각하지 않고 의기를 발휘하여 군병들을 모집하여 각각 300명을 거느리고 나라의 치욕을 씻으려 하였던 바, 참으로 칭찬할 만한 일일 뿐만 아니라 수군의 진중에 2년 동안 스스로 군량을 준비하여 이곳저곳에 나누어주면서 간신히 양식을 이어 대는데, 그 부지런함과 고생스런 모습은 군관들보다 배나 더했으며, 조금도 수고를 꺼리지 않고 지금까지 부지런할 따름입니다."〈분송의승파수요해장〉 이순신은 이들의 공로와 애국심에 대해 "일찍이 싸움터에서 적을 무찌를 적에도 뛰어난 공로가 현저했으며, 그들의 나라를 위한 분발심은 시종 변하지 않으니 더욱 칭찬할 만한 일입니다"〈분송의승파수요해장〉라고 평가한 뒤 "위에 적은 의병장 성응지, 승장 수인과 의능 등을 조정에서 각별히 표창하여 뒷사람들을 격려하여야 하겠습니다"〈분송의승파수요해장〉라고 그들의 포상을 조정에 적극 건의했다.

특별히 이순신과 스님들 사이의 교감과 애정은 남달랐다. 이순신이 통제사에서 파직되고 옥고를 치르다 방면되어 도원수 권율 밑에서 백의종군하러 가는 도중인 정유년(1597) 5월 7일 정혜사의 스님인 덕수德修가 와서 이순신에게 짚신 한 켤레를 바쳤다. 그리고 그 다음날인 5월 8일에는 승장 수인이 밥 지을 스님 두우杜宇를 데리고 왔다는 기록도 일기에 있다. 다시 통제사에 임명된 직후인 정유년 8월 8일에는 혜희惠熙라는 스님이 이순신을 찾아왔다. 그러자 이순신은 즉석에서 의병장의 사령장을 만들어주고 임무를 부여했다. 이순신과 스님들 사이의 돈독한 신뢰 관계를 확인할 수 있는 자료들이다.

이순신과 함께 전쟁을 치렀던 스님들의 이순신 사랑은 순국 후에도 계속되었다. 순천 마래산 아래에 있는 충민사忠愍祠에는 스님 옥형玉泂의 일화가 전해진다. 그는 본래 충무공 이순신이 직접 지휘하는 배에 타고 함께 전투에 참여한 이로 언제나 공公의 곁을 지켰는데 공이 순국한 후에도 충민사 사당 옆에 조그만 암자를 짓고 아침, 저녁으로 제사를 지냈다. 주변 해상에 변고가 생길 때는 공이 사전에 옥형의 꿈에 나타나 알려주므로 "공의 나라에 대한 충혼이 죽어서도 이와 같도다"라고 하며 80살이 넘어, 죽는 날까지 숭배했다고 한다.《승평지昇平志》

남해 노량의 호충암護忠菴이라는 암자에서는 화방사花芳寺의 스님 10명과 승장 1명이 번갈아 숙직을 했다고 한다. 그러던 어느 날 승장 유습裕習의 꿈에 공이 긴 칼을 집고 서서 꾸짖되 "너는 왜 산을 순시하지 않느냐!" 하기에 일어나 산을 수색하였더니 과연 어떤 이가 사당 뒤에 암장暗葬을 한 것이 발견되어 이튿날 아침에 관가에 보고하여 파 옮겼다고 한다.《충민사기》

자운慈雲이란 스님은 공의 진중에서 함께 있던 승군僧軍이었는데 공의 충의忠義 정신을 깊이 사모하여 공이 전사한 직후에 쌀 수백 석을 가지고 와서 노량 바다에서 엄청난 규모의 수륙제를 지냈다고 한다.《행록》

그렇다면 이처럼 스님들을 감동시킨 이순신의 인격은 어디에서 비롯된 것일까. 그의 좌우명으로 간주되는 문구를 살펴본다.

"장부가 세상에 태어나서 쓰이게 되면 죽기로 일할 것이요 쓰이지 못하게 되면 초야에서 농사짓는 것으로 만족할 것이다. 권세 있는 곳에 아첨하여 한때의 영화榮華를 훔치는 것 같은 것은 내가 매우 부끄럽게 여기는 것이다."《백사집白沙集》

이순신은 관료 생활을 하는 22년 동안 이 좌우명을 충실히 실천했다. 그 결과 3번의 파직과 2번의 백의종군이라는 우여곡절을 겪었다. 그러나 개인보다는 나라와 백성을 위하고, 언제나 자신의 이익보다는 사람답게 사는 의리義理를 택하곤 했던 이순신의 실천적 삶은 부하 장병, 의병, 승병, 백성들에게 무한 감동을 주었다.

고결한 인격은 모든 리더십의 토대이다. 말만 앞세우고 정작 행동은 뒷전인 정치가들이 우리를 실망시키고 기업 총수라는 이들이 뇌물 수수에 공금 횡령, 탈세를 일삼아 우리 사회에 먹구름을 드리울 때 우리는 참으로 간절히 고결한 인격을 지닌 리더의 출현을 기대하게 된다. 오늘 우리가 찾는 이순신의 인격을 닮은 리더는 어디에 있는가. 정치권력이나 거대 자본도 이기적 욕망을 넘어서 진정 나라와 국민과 인류에 헌신할 때 지속되고 성장할 수 있는 것이다.

대한민국의 리더를 꿈꾸는 사람이라면, 자신의 이기적 욕망을 넘어설 수 있는 고결한 인격을 갖추고 있는지, 이기적 욕망을 넘어서기 위해 어떤 희생과 헌신을 해왔는지 돌이켜볼 일이다. "권세 있는 곳에 아첨하여 한때의 영화를 훔치는 것은 내가 제일 부끄럽게 여기는 것"이라는 좌우명을 평생 실천해온 고결한 인격의 소유자 이순신, 우리가 바라고 희망하는 미래 대한민국 리더의 모습이다.

리더의 고결한 인격으로부터 비롯된 구성원들의 이성적, 감성적 공감은 리더에 대한 무한한 신뢰와 존경으로 이어진다. 그리고 유사시 구성원들은 리더를 위해 자신의 모든 것을 아낌없이 바친다. 이것이 '인격이 리더십'이라는 말의 진정한 의미이며, 리더의 위치에 있는 사람들이 끊임없이 인격 도야에 힘써야 하는 이유이다.

위엄과 인정의 리더십

구성원들에게 무언의 긍정적 영향을 주어 자신의 전투력을 십분 발휘하도록 하려면 리더는 어떤 덕목을 지녀야 할까. 《손자》에는 리더의 덕목으로 지식[智], 신의[信], 사랑[仁], 용기[勇], 위엄[嚴] 등 다섯 가지가 제시되어 있다. 이 다섯 가지 덕목에 대해 두목杜牧은 다음과 같이 주석했다.

"지智는 임기응변에 능하고 변통을 아는 것이다. 신信은 사람들이 형벌과 포상을 의심하지 않게 하는 것이다. 인仁은 사람과 사물을 사랑하며, 애쓰고 부지런히 일하는 것을 아는 것이다. 용勇은 승리를 결단하고 기세에 편승하여 머뭇거리지 않는 것이다. 엄嚴은 위엄과 형벌로써 삼군을 엄숙하게 하는 것이다."

시대를 막론하고 군의 리더는 이 다섯 가지 덕목을 겸비해야 한다. 지식에만 의존하면 이해득실에만 밝게 되고, 편파적으로 사랑을 베풀면 나약해지고, 신의만을 고집하면 일을 그르치게 되고, 용기와 힘을 강조하면 포악해지고, 호령이 지나치게 엄격하면 잔인해진다. 한마디로 리더는 문무文武와 강유剛柔를 겸비해야 한다는 말이다.

리더가 위엄과 형벌을 엄격히 하는 것은 구성원들을 두렵게 하여 강제적으로 한마음 한뜻이 되도록 하기 위함이고, 따뜻한 정을 느끼게 하고 사랑을 베푸는 것은 구성원들을 감동시켜 자발적으로 한마음 한뜻이 되게 함이다. 리더에게 이처럼 상반된 덕목이 모두 필요한 이유는 인간의 행동 특성에 자율성과 타율성이 혼재되어 있기 때문이다. 인간의 이러한 특성을 가장 잘 보여주는 것이 사마천司馬遷의 《사기史記》에 소개된 손무孫武와 오기吳起의 사례다. 손무가 오吳나라 왕 앞에서 궁녀들을 단시간 내에 정예 병사처럼 훈련시킨 사례는 처형과 같은 강력한 처벌을 통하면 억지로라도 구성원들을 한마음 한뜻으로 만들 수 있다는 것을 보여준다. 또한 오기 장군이 부하의 등에 난 종기에다 입을 대고 고름을 빨아내서 치료해주었더니 감동한 그 병사가 다음 전투에서 가장 먼저 돌진해 나가 싸웠다는 사례를 통해 우리는 리더의 따뜻한 인품에 감동되면 구성원은 하나밖에 없는 목숨을 내놓을 정도로 자발적으로 한마음 한뜻이 된다는 것을 알게 된다. 리더십에서 다양한 인간의 이해가 필요한 이유이다.

이순신은 어떤 리더였는가. 그는 임진년(1592) 첫 출동을 앞두고 여도 수군 황옥천이 집으로 도망가자 곧바로 잡아와서 처형했다. 일기를 쓰기 시작한 임진년 1월에는 민폐를 끼친 박몽세에게 곤장 80대를 때렸다는 기록이 있고, 활과 갑옷, 투구, 화살통을 제대로 관리하지 않은 책임자들을 처벌했다는 내용도 보인다. 조선 수군이 칠천량해전에서 패하고 다시 통제사가 되었을 때 이순신이 시행한 처벌의 횟수와 강도는 평소와 달랐다. 남은 전선이 10여 척에 불과했고, 군사들의 기강도 극도로 이완되어 있었기 때문이다. 정유년(1597) 8월 13일 전라도 보성에 도착한 이순신은 자신을 보러 곧바로 나타나지 않은 경상우도 우후 이몽구를 잡아다 곤장 80대를 때렸다. 8월 19일에는 경상우수사 배설이 배멀미를 핑계로 나타나지 않자 그의 군관을 불러다 곤장을 쳤다. 8월 25일에는 일본군이 쳐들어왔다고 유언비어를 퍼뜨린 백성 두 명을 잡아다 처형한 일도 있었다. 명량해전을 앞둔 위급한 상황에서는 이순신도 어쩔 수 없이 처벌을 위주로 군의 기강과 민심을 되잡지 않을 수 없었던 것이다.

그러나 평소의 이순신은 어떠했던가. 그는 늘 장병들의 먹을거리, 잠자리, 의복 걱정에 노심초사했다. 해전이 벌어지면 갑판에서 사부射夫들과 함께 나란히 서서 활을 쏘았다. 사천해전에서는 사부들과 섞여 활을 쏘다가 일본군의 조총에 왼쪽 어깨를 맞아 몇 달을 고생하기도 했다. 절대 열세한 상황에서 벌어진 명량해전 당일에는 어김없이 제일 선두에 서서 용전분투하여 해전 초기의 위기 상황을 반전시키는 데 결정적 역할을 했다. 리더가 지녀야 할 덕목에 엄격함과 따뜻함, 강함과 부드러움이 공존해야 하는 이유를 우리는 이순신에게서 확인할 수 있다.

실력 우선의 리더십

■ 《손자》를 비롯한 동양의 많은 병법서들이 리더의 덕목으로 첫 번째로 꼽는 것이 실력, 능력으로 대변되는 지식 역량이다. 조직 공동체를 잘 이끌어 주어진 임무나 목표를 완수하기 위해서는 직무에 관한 지식에 정통하지 않으면 안 된다. 이순신은 준비된 무장이었다. 그는 22세에 문과文科에서 무과武科로 전향하여 시험을 준비했다. 경전만 읽다가 말타기, 활쏘기 등의 신체적 기능을 필요로 하는 시험에 응시하고자 했기 때문에 많은 준비가 필요했던 것 같다. 6년간의 준비 끝에 28세 때 처음으로 친 무과시험에서 이순신은 뜻하지 않게 말에서 떨어지는 사고를 당해 낙방의 고배를 마셨다. 이후 절치부심, 다시 4년을 준비하여 32세 때 치른 무과에 합격하여 무인 관료의 길을 걷게 되었다.

10여 년 인고의 세월이 있었기에 이순신은 초급 무인 관료 시절부터 두각을 나타낼 수 있었다. 대부분 사람들은 초급 관료 시절 이순신이 미관말직을 전전하다 어느 날 갑자기 류성룡의 천거에 의해 정읍 현감(종6품)에서 전라좌수사(정3품)로 발탁된 것으로 알고 있다. 그러나 그 때문만은 아니었다. 이순신은 초급 관료 시절부터 주변 사람들로부터 실력을 인정받았다. 1576년 무과에 합격하여 함경도 동구비보 권관(종9품)으로 관직 생활을 시작하였는데, 만 4년이 못 된 1580년 전라도 발포의 수군 만호(종4품)가 되었다. 오늘날 기준으로 보면 4년이 안 되어서 무려 10계급 승진을 한 것이다.

이순신이 무과에 합격한 시점은 북쪽의 오랑캐들이 변방을 호시탐탐 노리던 시기였다. 이순신이 무과에 합격한 이후에 조선은 오랑캐와 세 번의 전투를 치렀다. 1583년 니탕개난, 1587년 녹둔도 전투, 오랑캐의 녹둔도 침범에 대한 보복적 차원에서 시행된 1588년의 시전부락 전투가 그것이다. 이순신은 이 3번의 오랑캐와의 전투에 모두 참여했다. 니탕개난 때는 니탕개와 더불어 난을 주도한 울지내를 유인하여 체포하는 공을 세웠다. 녹둔도 전투에서는 중과부적의 상황에서 여진족의 기습을 받았다. 이순신은 곧바로 반격에 나섰으며 추격군을 편성하여 포로로 잡혀가는 백성들을 일부 구해왔지만 직속상관인 북병사 이일의 무고로 파직되고, 백의종군의 처분을 받았다.

그 이듬해 백의종군으로 지내던 시기에 벌어진 시전부락 전투에서는 우화열장右火烈將의 직책으로 참전, 공을 세웠다. 이 과정에서 이순신을 포상해야 할 것인가 아니면 처벌해야 할 것인가의 문제를 둘러싼 분분한 논의가 조정에서 있었다. 어느덧 조정 안팎에서 이순신은 꽤 유명한 장수가 되어 있었던 것이다. 이런 경력이 토대가 되어 선조가 1588년에 시행한 '불차탁용不次擢用(순서에 관계없이 유능한 관료를 발탁 등용함)' 제도에 의해 이순신은 이산해, 정언신 등에 의해 천거될 수 있었던 것이다.

《이충무공전서李忠武公全書》에도 무관 이순신의 실력을 가늠할 수 있는 여러 자료들이 소개되어 있다. 1580년 발포 만호로 근무할 때 감사 손식孫軾이 누군가 참소하는 말을 듣고 이순신을 벌주기 위해 불시에 발포 만호진을 방문했다. 손식은 일부러 부대 외곽에 도착하여 이순신을 불러내었다. 그러고는 즉석에서 진법에 관한 책을 강독하게 하고 또 여러 가지 진형에 대한 그림을 그려보게 만들었다. 꼬투리를 잡으려고 작정을 한 처사였다. 그런데 이순신은 전혀 당황하지 않고 붓을 들고 진형도를 아주 정교하게 그려냈다. 감사 손식이 그림을 한참이나 들여다보고 있다가, "어쩌면 이리도 정묘하게 그릴 수 있단 말인가!"라며 감탄하고는 이순신의 조상에 대해 물었다고 한다. 그러고는 "내가 진작 그대를 몰라보았던 것이 한이구려" 하면서, 그 뒤로는 이순신을 정중하게 대우했다는 것이다.

이용이라는 수사 역시 이순신이 고분고분하지 않은 것을 미워하여 벌을 주려고 하다 뜻을 이루지 못했다. 그러던 차에 수사와 감사가 함께 모여 관리들의 근무 성적을 심사하는 자리가 있었는데 이용은 이순신을 최하로 평가하려고 했다. 이때 중봉 조헌趙憲이 도사都事로서 붓을 들고 있다가 쓰지 않고 말하기를, "이순신이 군사를 지휘하는 능력이 전라도에서 제일이라는 말을 들어 왔는데 다른 여러 진을 모두 아래에 둘망정 이순신을 아래에 둘 수는 없을 것이오" 하고 제지했다. 이순신은 이미 관료들 사이에서도 무장으로서 그 실력을 인정받고 있었던 것이다.

이런 실력에 기초하여 이순신은 임진왜란 7년 전쟁 기간 동안 40여 차례의 해전에서 모두 승리했다. 그는 어떠한 상황에서도 전략적으로 우세한 상황을 조성해서 분산된 열세의 적을 공격했으며, 명량해전과 같은 절대 열세의 해전에서는 명량의 좁은 물목을 해전 장소로 택함으로써 수적 열세를 극복했다. 또한 한산도에서 남해의 바닷길을 막아 일본군의 보급로를 차단함으로써 동쪽으로는 함경도, 서쪽으로는 평양까지 진격했던 일본의 선봉 주력부대를 남해 연안으로 후퇴하도록 하여 수세적인 공성전을 펼칠 수밖에 없도록 만들었다.

마지막 무술년(1598)에는 명나라 수군 도독 진린이 합세하여 조 · 명 수군 연합 함대가 구성되었다. 진린은 거만하고 거친 사람이었다. 그러나 그런 진린도 이순신의 장수로서의 식견과 지휘 역량에 경탄하여 모든 일을 이순신과 상의하여 처결했다. 진린은 매번 이순신을 볼 때마다 "공은 작은 나라의 인물이 아니오. 만일 중국에 들어가 벼슬을 한다면 당연히 천하의 명장이 될 것인데 왜 여기서 이렇게 곤궁하게 지내는 것이오" 하고, 또 조선의 임금인 선조에게도 "이순신은 천지를 주무르는 재주와 나라를 다시 세운 공로를 가진 분이오"라는 글을 올릴 정도로 이순신의 능력과 실력을 높이 평가했다.

우리가 이순신을 유능한 리더로 인정하는 까닭은 일차적으로 그가 일구어낸 전승무패의 승리 신화 창출 때문이다. 그리고 이러한 성과 창출은 10여 년에 걸친 착실한 무과 시험 준비, 3번에 걸친 오랑캐와의 실전 경험 등이 토대가 되었다. 전문성으로 대변되는 실력과 능력, 리더가 갖추어야 할 가장 근본이 되는 덕목이 아닐 수 없다.

신의의 리더십

군대사회에서 신의[信]와 관련된 가장 중요한 요소가 형벌과 포상에 대한 공정성이다. 특히 생명이 오고 가는 전시의 경우 리더와 구성원 사이의 상벌에 관한 신뢰 여부는 전투력 발휘에 직결되는 요소라고 할 수 있다. 그래서 손자는 장수의 자질을 논할 때 신의를 가리켜 "병사들이 형벌과 포상에 대해 의심하지 않게 하는 것"이라고 설명했다.

리더가 포상을 남발하는 것은 그만큼 조직을 지휘하는 것이 어려운 상황임을 나타내는 것이며 처벌 또한 마찬가지다. 후진 독재국가의 경우 관료나 군의 간부들이 가슴 가득 훈장을 달고 있는 것을 볼 수 있는데 이는 그만큼 국민들에게 동기 부여하는 것이 어렵다는 것을 반증하는 것이다. 종종 뉴스에 등장하는 북한이나 중국의 공개 처형의 경우도 마찬가지다. 극단적인 처벌인 공개 처형을 해서라도 주민들을 통제하겠다는 것이니 이 또한 주민에 대한 국가의 통제력이 제대로 발휘되지 않는 어려운 상황임을 반증하는 것이다. 따라서 포상이든 처벌이든 그것이 지닌 본래의 효과를 달성하려면 리더와 구성원 사이에 일정한 믿음[信]이 전제되어야 한다.

이순신은 임진년(1592) 첫 출동을 치르면서 기이한 현상을 목격했다. 한쪽에서는 목숨을 걸고 싸우고 있는데, 또 다른 쪽에서는 죽은 일본군의 머리를 베는 일이 벌어지고 있었던 것이다. 전투 종료 후 전공에 따른 포상을 건의하기 위해서는 증거가 있어야 했는데 그 증거가 바로 전사한 일본군의 수급이었기 때문이다. 이순신은 이러한 폐단을 없애기 위해서 제2차 출동을 앞두고는 부하 장병들을 모아놓고 적의 수급을 베는 일에 몰두하지 말 것을 지시했다. 그러고는 앞으로는 일본군의 목을 벤 숫자가 아니라 힘써 싸운 자의 전공을 가장 높이 평가하여 포상할 것임을 엄중히 약속했다. 장계의 내용을 한번 살펴보자.

"왜선을 분멸한 총수는 72척이며 일본군의 머리가 88급인데 왼쪽 귀를 베어서 소금에 절여 궤에 넣어 올려 보냅니다. 그런데 신臣이 당초 약속할 때 여러 장수나 군사들에게 '공로와 이익을 탐내어 서로 다투어 적의 머리를 베려 하다가는 도리어 해를 입어 사상자가 많아지는 정례가 있으니, 사살한 뒤에 비록 목을 베지 못하더라도 힘써 싸운 자를 제일의 공로자로 논하겠다'는 것을 분명히 했기 때문에 무릇 네 번이나 접전할 때, 화살을 맞아 죽은 왜적이 매우 많았지만 머리를 벤 것은 많지 아니합니다."

이순신은 부하들과의 약속에 따라 해전이 끝난 후 자신이 직접 보고 확인한 전과를 토대로 전공을 1, 2, 3등급으로 나누고 비록 목을 베지는 못했어도 죽음을 무릅쓰고 열심히 싸운 자를 제1의 공로자로 정해 포상을 건의했다. 이순신은 자신의 명령대로 목을 베는 데 힘쓰지 않고 격파하고 사살하는 데 힘쓴 방답 첨사 이순신을 1등의 공로자로 정하여 올렸는데, 조정에서는 이를 받아들이지 않았다. 머리를 벤 증거가 없으니 전공을 인정할 수 없다는 것이 이유였던 것 같다. 그러자 이순신은 다시 장계를 올려 방답 첨사 이순신의 포상을 강력히 건의했다.

"방답 첨사 이순신은 변방 수비에 온갖 힘을 다하고 사변이 일어난 뒤에는 더욱 부지런히 힘써 네 번 적을 무찌를 적에 반드시 앞장서서 공격했으며, 당항포해전 때에는 왜장을 쏘아 목을 베어 그 공로가 월등할 뿐만 아니라, 다만 사살하는 데만 전력하고 목 베는 일에 힘쓰지 않았으므로 그 연유를 들어 별도로 장계하였는데, 이번 포상의 문서에 홀로 이순신의 이름이 들어 있지 않으니 군사들이 해괴하게 여깁니다."

이순신은 자신의 명령에 따라 사살하는 데만 힘쓰고 목을 베는 일에 시간과 에너지를 낭비하지 않은 방답 첨사 이순신의 포상을 관철시켜 자신이 부하 장병들에게 한 약속을 끝까지 지키고자 했다. 뿐만 아니라 자신과 함께 한마음 한뜻이 되어 수없이 사선死線을 넘나들었던 부하 장수들을 끝까지 신뢰하고 배려했다. 낙안 군수 신호의 군관인 송여종이 임진년 네 차례의 출동에 모두 참여하여 탁월한 전공을 세우자 이순신은 부산포해전에서 승리한 내용의 장계를 임금이 있는 의주의 행재소에 전달하는 일을 그에게 맡겼다. 장계를 확인해보자.

"태인현에 사는 업무교생 송여종은 낙안 군수 신호의 대변군관으로 네 번이나 적을 무찌를 때, 언제나 충성심을 발휘하여 남들보다 앞서서 돌진하고 죽기를 각오하고 힘껏 싸워서 왜의 머리를 베었으며, 전·후의 전공이 모두 1등에 해당하는 자이므로 이 계본을 모시고 가게 하였습니다. 삼가 갖추어 아뢲니다."

송여종은 이 임무를 훌륭히 수행했으며, 임금에게 술까지 하사받고 정운의 전사로 공석이 된 녹도 만호에 임명되는 영광을 안았다. 해전의 승첩 내용이 기록된 장계를 가져가면 패전 소식만 듣던 임금이 기뻐할 것이고 그것을 가지고 수천 리를 달려온 송여종에게는 어떤 방식으로든 포상이 있을 것이라고 판단한 이순신은 일부러 송여종에게 그런 기회를 만들어준 것이다.

부산포해전에서 녹도 만호 정운이 전사하자 이순신은 정운을 이대원李大源 사당에 배향해줄 것을 조정에 건의했다. "신이 믿는 사람은 정운 등 두세 명이었는데, 세 번 승첩 때에는 언제나 선봉에 섰고, 이번 부산해전에서도 몸을 가벼이 여겨 죽음을 잊고 먼저 적의 소굴에 돌입하여, 하루 종일 교전하면서도 오히려 힘껏 쏘기를 빨리 하여 적들이 감히 움직이지를 못하였는바, 이는 정운의 힘이었습니다."

녹도 만호 정운은 임진년 첫 출동이 있기 하루 전인 1592년 5월 3일 이순신에게 면담을 청하여 속히 출전할 것을 건의한 장수이다. 정운의 사람됨을 익히 알고 있었던 이순신은 그의 건의를 받아들여 곧바로 그 다음날인 5월 4일을 출동 날짜로 결정할 만큼 그를 신뢰했다. 포상의 원칙을 세우고 그 원칙을 철저하게 따라준 부하 장수를 끝까지 챙긴 이순신, 부하의 전공을 낱낱이 기억하여 포상을 받도록 배려한 이순신, 부하 장수가 전사한 뒤에도 그의 전공에 상응하는 예우를 받을 수 있도록 최선을 다한 이순신, 조선 수군 장병들이 한마음 한뜻으로 죽기를 각오하고 싸우게 한 바탕에 그의 따뜻한 인간미와 신의라는 덕목이 자리하고 있었던 것이다.

사랑의 리더십 ❶

■ 유학儒學에서 어버이에 대한 사랑인 효孝와 형제자매에 대한 사랑인 제悌를 강조하는 것은 그것이 사람의 사랑할 수 있는 능력을 키우는 가장 중요한 사랑[仁] 역량 강화 훈련법이기 때문이다. 자신을 낳고 길러준 부모와 혈연으로 맺어진 형제자매에 대한 사랑을 통해 사랑의 힘이 누적되어야 나와 아무 관계도 없는 타인에 이르기까지 사랑할 수 있게 된다는 것이 유학의 사랑 철학의 핵심 논리이다.

이순신의 부모에 대한 효심은 남달랐다. 함경도 건원보 권관으로 근무하던 시절 이순신이 아버지 이정의 상을 당했다. 그는 부고 소식을 듣자마자 모든 것을 제쳐두고 아산으로 향했다. 당시 북방을 순시하던 병조판서 정언신이 몸이 상할 것을 염려하여 상주 복장을 갖추어 입고 천천히 가라고 충고할 정도였다. 널리 알려진 것처럼 이순신의 홀로 남은 어머니에 대한 효성은 지극했다. 그가 전라좌수사로 부임한 이후 임진년(1592) 1월 1일부터 어머니가 세상을 떠나는 정유년(1597) 4월까지 쓴 일기에는 해전이 있거나 군사 일로 바쁜 날을 제외하고 어김없이 이순신의 어머니가 등장한다.

《난중일기》가 시작되는 임진년 1월 1일 설날의 일기도 어머니의 이야기로부터 시작된다. "새벽에 아우 여필, 조카 봉과 아들 회가 와서 이야기했다. 다만 어머님을 떠나서 두 번이나 남도에서 설을 쇠니 간절한 회포를 이길 길이 없었다." 이순신은 주기적으로 어머니가 있는 아산에 사람을 보내 안부를 확인했다. "아산에 어머니 문안차 나장 2명을 내어 보냈다."임진년 2월 14일 일기 "아산으로 문안 갔던 나장이 들어왔다. 어머님께서 평안하시다는 소식을 들으니 다행, 다행이다."임진년 3월 4일 일기 아산에 문안 갔던 나장이 2월 14일에 가서 3월 4일 어머니가 평안하시다는 소식을 가지고 돌아왔으니 한 번 갔다 오는 데 대략 20일 정도가 소요된 셈이다.

이순신 어머니의 생일은 음력 5월 4일이다. 임진왜란 발발 후 이순신이 최초로 전라좌수영 함대를 출동시킨 날이 다름 아닌 임진년 5월 4일, 어머니의 생일날이었다. 동이 트는 시점에 출동하여 남해 미조항에 도착하여 평산포, 곡포, 상주포 등 남해 일원을 수색하면서 어머니의 생일 하루가 다 간 것이다. 그 다음 해인 계사년(1593) 5월 4일에도 이순신은 어머니와 함께하지 못한다. 그날 일기에 "이날은 어머님 생신이건만, 적을 토벌하는 일 때문에 가서 축수의 술잔을 드리지 못하게 되니 평생 유감이다"라고 적었다.

이순신이 전라좌수사로 부임한 지 2년 4개월이 되는 계사년 6월, 그는 아산에 있던 어머니를 여수 본영 근처인 고음내로 모셔온다. 그러나 여수 고음내에서 한산도 통제영 전진기지까지는 바다를 사이에 두고 꽤 멀리 떨어져 있었으므로 어머니를 자주 볼 수는 없었다. 이때에도 이순신은 주기적으로 사람을 보내거나 탐후선 편으로 어머니의 안부를 여쭈었다.

이순신은 병신년(1596) 1월 1일 새벽 2시에 고음내에 도착하여 어머니와 함께 설을 쇨 수가 있었다. 어머니를 고음내에 모신지 거의 2년 반 만의 모자 상봉이었다. 이순신은 병신년 9월 27일부터 10월 10일까지 약 2주 동안 여수 전라좌수영에 머무르면서 공무를 처결하고 또한 어머니도 찾아뵈면서 망중한의 시간을 보냈다. 임진왜란 발발 이후 이순신과 그의 어머니가 함께 한 가장 행복했던 시기였던 것 같다. 이때 이순신은 어머니를 여수 본영으로 초대하여 잔치를 벌였다. 그동안 전쟁 중이라 한 번도 생신을 제대로 챙기지 못한 송구스러움 때문이었으리라.

"새벽에 어머님을 모시고 일행을 데리고 배에 올라 본영으로 돌아와서 종일토록 즐거이 모시니 다행, 다행이다." "비바람이 크게 일어나서 이날은 잔치를 차리지 못하고 이튿날로 미루었다." "맑고 따스했다. 일찍이 어머님을 위한 수연을 베풀고 종일토록 즐기니 다행, 다행이다." "종일토록 어머님을 모셨다. 내일

진중으로 돌아가는 것을 어머님이 퍽 서운해 하시는 기색이었다." "정오에 어머님을 하직하고 오후 2시경 배를 탔다. 바람을 따라 돛을 달고서 밤새도록 노를 재촉해왔다." 일기의 기록에 의하면 이날 이후 이순신은 어머니를 직접 뵙지 못했다. 아마도 이때의 만남이 이순신과 그의 어머니의 마지막 해후가 아니었나 생각된다.

이순신은 그 다음해인 정유년(1597) 2월 통제사에서 파직되고 3월 4일 하옥되었다가 28일 만인 정유년 4월 1일 백의종군 처분을 받고 옥문을 나설 수 있었다. 백의종군하러 가는 도중 이순신은 고향인 아산에서 어머니의 부고 소식을 접한다. 아들이 파직되고 의금부에 하옥되었다는 소식을 들은 이순신의 어머니는 여수에서 배를 타고 아산으로 이동하다 선상에서 돌아가신 것이다. 팔십이 넘은 노친이 아들을 찾아 천리 뱃길을 오다가 돌아가셨으니 이것은 누가 봐도 이순신 탓이었다. 일기를 통해 확인해보자.

"종 순화가 배에서 와서 어머님의 부고를 전한다. 뛰쳐나가 뛰며 뒹그니 하늘의 해조차 캄캄하다." "일찍 길을 떠나며 어머님 영전 앞에 하직을 고하고 울며 부르짖었다. 어찌하랴. 어찌하랴. 천지간에 나 같은 사정이 또 어디 있을 것이랴. 어서 죽는 것만 같지 못하구나."

자신 때문에 어머니가 돌아가시고, 죄인의 몸이어서 장례조차도 치를 수 없는 처지의 이순신, 그의 고통과 좌절이 얼마나 컸을지를 감히 상상해본다.

평소 이순신으로부터 지극한 섬김을 받았던 이순신의 어머니가 아들과 헤어지면서 "잘 가거라. 나라의 치욕을 크게 씻어라"라고 당부한 가르침은 전통 사회에서 가족 윤리의 핵심인 효孝와 국가 공동체 윤리의 핵심인 충忠이 어떻게 조화되었는지를 상징적으로 보여준다. 효를 통해 누적된 사랑의 힘, 이순신이 나라와 백성과 임금을 위해 헌신, 희생할 수 있었던 에너지의 근원이었다. 우리 전통 사회에서 왜 그토록 효를 강조했는지, 과연 오늘날 우리는 사랑 역량 강화를 위해서 어떤 노력을 기울이고 있는지 돌이켜볼 일이다.

사랑의 리더십 ❷

■ 이순신과 그의 부인 상주 방씨方氏 사이에는 아들이 셋 그리고 딸이 하나 있었다. 그 가운데 면葂은 셋째 아들이자 막내아들이었다. 그래서 그런지 여느 부모처럼 이순신의 막내아들 면에 대한 사랑은 남달랐다. 다음은 갑오년(1594) 고음내에서 할머니를 모시고 있던 면이 아프다는 이야기를 전해 듣고 적은 일기이다.

"아침에 들으니 면의 병세가 다시 악화되었고 토혈하는 증세까지 있다 하여 울蔚과 심약審藥 신경황, 정사립, 배응록 등을 함께 보냈다." "저녁에 탐선이 들어와 어머님께서 평안하시다는 것은 살폈으나 면의 병세는 여전히 중하다는 것이었다. 애타는 마음이건만 어찌하랴."

당시 이순신은 한산도에 머물러 있었고, 여수 고음내에는 어머니가 집을 얻어 기거하고 있었는데 할머니를 모시고 있던 아들 면이 병이 났다는 소식에 노심초사하는 광경이다. 그 다음날에는 하루 종일 비가 내렸다. 진중陣中에 있는 몸이라 여수로 갈 수도 없는 상황이었다. 어찌나 답답했던지 이순신은 점을 쳤다.

"홀로 앉아 면의 병세가 어떤가를 생각하고 글자를 짚어 점을 쳐보니, '군왕을 만나보는 것과 같다'는 괘가 나왔다. 다시 짚으니 '밤에 등불을 얻는 것과 같다'는 괘가 나왔으니 둘 다 좋은 것이었다. 조금 마음이 놓였다."

이순신의 간절한 염원이 하늘에 닿았던지 7월 15일에는 아들 면의 병세가 호전되었다는 소식이 들렸다. 일기에 "면의 병세가 나아간다는 소식을 들으니 기쁘기 그지없다"라고 적었다.

그런데 이처럼 애지중지하던 막내아들 면이 정유년(1597) 아산의 집 근처에서 일본군과 싸우다 전사했다. 이순신은 명량해전을 승리로 이끈 지 약 한 달 뒤인 10월 14일 아들 면의 전사 소식을 듣는다. 그날 일기에 자식을 잃은 아비의 애절한 심정을 자세히 기록했다. 인간 이순신을 이해할 수 있는 육필원고이다.

"면의 전사 소식을 알고, 간담이 떨어져 목 놓아 통곡했다. 하늘이 어찌 이다지도 인자하지 못하시는고. 간담이 타고 찢어지는 것 같다. 내가 죽고 네가 사는 것이 이치에 마땅한데, 네가 죽고 내가 살았으니 이런 어긋난 일이 어디 있을 것이냐. 하늘과 땅이 깜깜하고 해조차도 빛이 변했구나. 슬프다 내 아들아, 나를 버리고 어디로 갔느냐. 남달리 영특하여 하늘이 너를 이 세상에 머물러 두지 않은 것이냐. 내가 지은 죄 때문에 앙화殃禍가 네 몸에 미친 것이냐. 나 이제 세상에 살아 있은들 누구에게 의지할 것이냐. 너를 따라 죽어 지하에서 같이 지내고 같이 울고 싶건만, 네 누이, 네 어머니가 의지할 곳이 없으므로 아직은 참고 연명이야 하지만 마음은 죽고 형상만 남아 울부짖을 따름이다. 하룻밤 지내기가 1년 같구나."

어느 부모인들 자식을 잃고 비통해 하지 않겠는가만 아들 면에 대한 이순신의 일기는 한 편의 '사자곡思子曲'이다. 그러나 부하 장병들이 보고 있는 터라 목 놓아 울 수도 없는 처지였다. 부하 장수들이 위로 차 왔지만 비통한 모습의 얼굴을 차마 보여줄 수도 없었다.

"나는 내일이 막내아들의 부음을 들은 지 나흘째 되는 날인데 마음 놓고 울어보지도 못했으므로 소금 굽는 사람인 강막지姜莫只의 집으로 갔다." 정유년 10월 16일 일기 "새벽에 흰 띠를 띠고 향을 피우고 통곡했다. 비통함을 어찌 참으랴." 정유년 10월 17일 일기

부하들의 시선을 피해 다른 사람의 집으로 거처를 옮긴 이순신, 죽은 아들을 위해 향을 피우고, 이때가 되어서야 마음껏 통곡을 한 것이다.

이순신의 아내 사랑은 어떠했을까. 이순신의 아내 방씨에 대한 기록이 몇 차례 일기에 등장한다. 갑오년(1594) 8월 말, 이순신은 아내가 심각한 병에 걸렸다는 소식을 접한다.

"이날 아침, 탐선이 들어왔는데, 아내의 병세가 위중하다고 하니 벌써 생사 간에 결말이 났을지도 모른다. 나랏일이 이에 이

르렀으니 다른 일에 생각이 미칠 수 있으랴마는 세 아들, 딸 하나가 어떻게 살아갈꼬. 아프고 괴롭구나."

아내의 병세가 위중하다는 것을 직감한 이순신은 하루 종일 안절부절 못했으며, 밤에는 뜬 눈으로 밤을 지샜다.

"앉았다 누웠다 잠을 못 이루고 촛불을 켠 채 뒤척이며 지새웠다. 이른 아침 세수하고 고요히 앉아 병세에 대해 점을 쳤더니, '중이 환속하는 것 같다'는 괘를 얻었다. ……(중략)…… 아주 좋다. 또 병세가 나아질 것인지 쳐보니, '귀양 땅에서 친척을 만난 것 같다'는 괘였다. 이 역시 오늘 중에 좋은 소식을 받을 징조였다."

우리가 그토록 존경하는 이순신이지만 아내의 위중한 병세 앞에서는 그도 평범한 지아비였던 것이다. 이순신의 정성에 하늘도 감동하였던지 아내 방씨의 병은 점차 나아졌다.

어버이, 자식, 부인에 대한 사랑으로 축적된 이순신의 사랑의 에너지는 점차 부하 사랑, 백성 사랑으로 그 외연이 확대되었다.

"삼도 군사들에게 술 1,080동이를 먹였다." "오늘은 권준 수사의 생일이라 하므로 국수를 만들어 먹고, 술에 취하고, 거문고도 듣고 피리도 불다가 저물어서야 헤어졌다." "늦게 대청에 나가서 서류를 처결한 다음 항복한 왜인들에게 술과 음식을 먹였다."

이순신의 백성 사랑은 구체적이었다. 전쟁 중이라 가장 시급한 일이 먹는 문제였음을 간파한 이순신은 백성들의 식량 문제를 해결하기 위해 둔전을 개발했다.

"신의 생각에는 각 도에 떠도는 피난민이 한군데 모여 살 곳도 없고, 먹고 살 생업도 없어 보기에 측은하오니 이 섬으로 불러들여 살게 하고, 그들이 협력하여 경작하게 하여 절반씩 가지게 한다면 공사公私 간에 양쪽으로 편리할 것입니다."

이런 까닭에 이순신이 근무했던 전라좌수사 시절의 여수의 돌산도, 초대 통제사 시절의 한산도, 3대 통제사 시절의 고금도는 백성들로 넘쳐났다. 이순신 가까이 있으면 살 수 있다는 기대 때문이었다. 어느덧 이순신은 조선 백성들에게 한 줄기 빛이요 희망이 되어가고 있었다. 이순신, 그는 '인자무적仁者無敵'의 충실한 실천가였던 셈이다.

용기의 리더십

《손자》를 주석한 두목杜牧은 용기를 일러 "승리를 결단하고 기세에 편승하여 머뭇거리지 않는 것"이라 하였고, 왕석은 "의義를 드러내는 것을 두려워하지 않고 과감하고 굳세게 행동에 옮기는 것"이라고 정의했다. 공자는 그의 어록인 《논어》에서 "의를 보고 행하지 않는다면 용기가 없는 것이다"라고 하였고, 또 "군자君子가 용기만 있고 의가 없으면 반란의 수괴가 되고, 소인小人이 용기만 있고 의가 없으면 도적이 된다"라고 하여 용기와 의의 상관관계를 설명하기도 했다. 한마디로 진정한 용기의 이면에는 반드시 선과 악, 정의와 불의에 대한 정확한 인식이 선행되어야 한다는 것이다. 이렇게 본다면 용기는 어떤 상황에서도 의로운 것, 옳은 것, 선한 것을 과감하게 행동으로 옮기는 것을 지칭하는 것이다.

그러나 세상을 살아가면서 옳은 것을 옳다 하고, 그른 것을 그르다고 하면서 사는 것은 그리 쉬운 일이 아니다. 이렇게 살다

보면 '모난 돌이 정 맞는다'는 속담처럼 불이익이 수반되기 때문이다.

'의리에 죽고 의리에 살라'는 유학의 가르침대로 살아가려고 한 이순신은 관료 생활을 하면서 종종 직속상관들과 갈등 관계에 놓였다. 훈련원에 근무할 때 병조정랑 서익이 순서를 건너뛰어 아는 사람을 진급시키려고 하자 "아래에 있는 자를 승진시키면 마땅히 승진해야 할 사람이 승진할 수 없으며, 법 또한 고칠 수 없다"고 하며 직속상관의 의도를 무력화시킨 사례나 발포 만호 시절 직속상관인 전라좌수사 성박이 발포 관청 뜰에 있는 오동나무를 베어가려 하자 "관청의 물건이므로 사사로이 베어가게 할 수 없다"고 거절한 사례 등은 이순신의 삶의 태도의 단면을 상징적으로 보여준다.

이순신으로부터 무안을 당한 직속상관들이 가만있을 리 없었다. 전라도 발포 만호로 근무하던 시절 이순신은 처음으로 파직을 당하는데 바로 훈련원 근무 시절의 직속상관이던 서익이 군기軍器 경차관敬差官으로 와서 불리한 보고서를 올렸기 때문이었다.

뿐만 아니라 이치에 어긋나면 비록 임금의 명령이라 하더라도 따르지 않은 이가 이순신이었다. 정유년(1597) 1월 임금인 선조는 일본인 요시라가 제공한 정보에 기초하여 대마도에서 건너오는 가등청정을 잡으라는 명령을 이순신에게 내렸다. 그러나 이순신은 임금의 명령을 따르지 않았다. 정확하지 않은 정보를 믿고 조선 수군을 출동할 수 없다는 것이 그 이유였다.

"바닷길이 험난하고 또한 적이 반드시 여러 곳에 복병을 숨겨 두고 기다릴 것이니, 배를 많이 거느리고 간다면 적이 알지 못할 리 없고, 배를 적게 거느리고 가다가는 도리어 습격을 당할 것입니다."

임진왜란 발발 이후 정유재란 직전까지 조선 수군은 남해 해로를 일본군에게 내주지 않았다. 그 결과 함경도와 평양까지 진격한 일본의 선봉 주력부대들은 보급에 막대한 차질이 생겨 남해 연안으로 후퇴하였을 뿐만 아니라 곡창인 호남이 보전됨으로써 조선은 전쟁을 수행할 수 있는 경제적 토대를 마련할 수 있었다. 그런데 신뢰할 수 없는 정보를 믿고 출동했다가 최후의 보루 역할을 하고 있는 조선 수군이 패하면 그 뒤를 아무도 감당할 수 없다는 것이 이순신의 생각이었다.

이순신은 결국 이런 항명抗命이 빌미가 되어 정유년(1597) 1월 통제사에서 파직되고 죽을 고비에 직면한다. 이순신은 하나밖에 없는 목숨이 위태로울 수 있는 결과를 예측하고도 "의義를 보고 행하지 않는다면 용기가 없는 것이다"라는 유학의 가르침을 실천했다. 이순신은 그런 사람이었다.

그런데 이런 용기는 어느 날 갑자기 생긴 것이 아니었다. 초급 관료 시절 함경도 동구비보 권관으로 근무할 때 함경도 감사 이후백이 각 진을 순시하면서 변방 장수들에게 활쏘기 시험을 치렀는데, 처벌받지 않은 자가 거의 없었다. 그야말로 이후백은 변방 장수들에게 공포의 대상이었다. 그런데 이순신의 명성을 익히 알고 있었던 이후백은 이순신에게만은 아주 잘 대해주었다. 그러자 이순신은 변방 장수들을 대변하는 직언直言을 올린다. "사또, 사또의 형벌이 너무 엄해서 변방의 장수들이 손 발 둘 곳을 모르고 있습니다." 이에 대해 이후백은 "그대 말이 옳다. 그러나 나라고 어찌 옳고 그른 것을 가리지 않고 하겠는가?"라고 답했다.

38세가 된 1582년 여름, 이순신은 한성에 있는 훈련원에서 두 번째로 근무하게 되었다. 정승 류전이란 사람이 이순신에게 좋은 화살통이 있다는 말을 듣고 탐을 내었다. 어느 날 함께 활을 쏠 기회가 있었는데 류전은 이순신에게 넌지시 화살통을 달라고 했다. 이에 대해 이순신은 허리를 굽혀 공손하게 예를 갖추면서 그 불가함에 대한 이유를 여쭈었다. "대감, 제 화살통을 드리는 것은 어렵지 않으나, 남들이 대감이 저에게 화살통을 받은 것을 무어라 할 것이며, 소인이 드린 것을 또 무어라 하오리까. 화살통 하나 때문에 대감과 소인이 함께 이름을 더럽히는 것은 매우 미안한 일이 아니겠습니까." 이 말을 들은 정승 류전도 "그대 말이 옳다"하고 이순신의 의견을 수용했다.

불이익을 감수하고 예를 갖추어 직언을 하는 이순신, 그 직언을 수용하는 감사 이후백이나 정승 류전, 참으로 아름다운 모습이 아닐 수 없다. 우리가 지향해야 할 선진 일류사회의 관료 생태계의 모습이 아닐까 생각해본다.

일반적으로 용기라고 하면 전쟁터에서 죽음을 무릅쓰고 돌진하여 싸우는 것을 상상한다. 물론 그것도 용기이다. 전우를 위해, 나라를 위해, 국민을 위해, 인류를 위해 자신의 목숨을 기꺼이 바친다는 대의명분이 깔려 있기 때문이다. 이처럼 진정한 용기는 반드시 그 저변에 의리, 정의, 옳음, 선에 대한 정확한 인식이 전제되어야 한다. 일본 제국주의 시대에 있었던 가미가제형 공격 행위를 용기 있는 행위로 볼 수 없는 것은 그 행위 속에 인류 평화, 정의의 승리와 같은 대의명분이 포함되어 있지 않기 때문이다.

언제나 의리義理가 무엇인지를 인식하고 과감하게 행동에 옮긴 이순신, 마지막 전투가 되어버린 노량해전에서 정의가 승리하는 역사를 만들기 위해 선두에서 용전분투하다 장렬히 전사한 이순신, 그의 참된 용기를 되새겨야 할 요즈음이다.

정성의 리더십

■ 정성精誠은 우리의 전통적인 정서에 부합하는 덕목이다. 우리네 어머니들이 정한수를 떠놓고 자식의 무탈과 무병, 출세를 기원하던 그 마음이 바로 정성[誠]이다. 유학에서는 정성을 '진실하고 거짓됨이 없는 것', '하늘의 이치의 본래 모습'이라고 설명한다. 이른바 유학에서는 아무런 사심私心 없이 언제나 일정하게 운동, 변화하고 있는 자연의 이치로부터 진실하고 거짓됨이 없는 성誠이란 개념을 추출해냈다.

그래서 《중용中庸》에서 "성誠은 하늘의 도道요, 성에 도달하려고 노력하는 것은 사람의 도이다[誠者天之道, 誠之者人之道]"라고 한 것이다. 하늘의 이치는 언제나 진실하고 거짓됨이 없는 정성 그 자체이지만 사람은 무한한 이기적 욕구의 영향을 받아 정성의 상태에 머물러 있기가 어렵기 때문에 진실하고 거짓됨이 없는 상태에 도달할 수 있도록 끊임없이 노력해야 한다는 것이 유학의 가르침이다.

이순신은 유별나게 꿈을 많이 꾸었다. 매사에 정성을 다하는 그의 간절한 염원과 소망이 잠재의식화하여 종종 꿈으로 드러나곤 했을 것으로 짐작한다. 전투에 나갔을 때는 전투와 관련된 꿈을, 나라 일을 근심할 때는 나라 일과 관련된 꿈을, 어머니의 병환을 애달파할 때는 어머니와 관련된 꿈을 꾸었다. 사심 없이 나라와 백성과 어머니를 생각하는 지극한 정성이 하늘에 통했기 때문이리라.

꿈속에서조차 나라 일을 걱정하는 이순신의 모습을 일기에서 확인할 수 있다.

"새벽꿈에 커다란 대궐에 이르렀는데, 마치 한성인 것 같고, 기이한 일이 많았다. 영의정이 와서 인사하기에 나도 답례를 했다. 임금이 피난 가신 일에 대해 이야기를 하다가 눈물을 뿌리며 탄식할 적에 적의 형세는 벌써 종식되었다고 했다."

당시 영의정은 서애 류성룡이었다. 류성룡은 이순신이 의지하고 존경하는 몇 안 되는 조정 대신이었다. 병신년(1596) 1월 일기에도 류성룡과 더불어 나라의 앞날을 걱정하는 꿈 이야기가 보인다.

"사경四更에 꿈을 꾸었는데 어느 한 곳에 이르러 영의정 류성룡과 함께 이야기를 나누고 있었다. 한동안 둘 다 의관을 벗고 앉았다 누웠다 하며 서로 나라를 걱정하는 생각을 털어놓다가 끝내는 억울한 사정까지 쏟아놓았다. 얼마 후 비바람이 억세게 퍼붓는데도 꼼짝하지 않고 있었다. 조용히 이야기하는 사이 만일 서쪽의 적이 급한데 남쪽의 적까지 동원된다면 임금이 어디로 가시겠는가 하는 말을 되풀이하며 걱정하다가 말할 바를 알지 못했다."

이 일기를 통해 우리는 이순신이 얼마나 나라와 임금을 위해 정성을 다하였는지 그리고 류성룡을 얼마나 믿고 의지했는지를 확인할 수 있다. 그런데 그런 류성룡이 병에 걸렸다는 소식을 듣자 이순신은 노심초사했다. 답답한 마음에 점을 쳤다.

"일찍 들으니 영의정 류성룡이 천식이 심하게 걸렸다고 했는데 잘 나았는지 모르겠다. 척자점을 쳐보니, '바람이 물결을 일으키는 것과 같다'는 괘가 나왔다. 또 오늘 어떤 길흉의 조짐을 들을지 점쳤더니 '가난한 사람이 보배를 얻은 것과 같다'고 했다. 이 괘는 매우 좋다."

후원자 격인 류성룡이 심한 천식에 걸렸다는 소식을 듣고 안절부절못하며 점을 쳐보는 이순신, 점괘를 보고 마음의 위안을 삼는 이순신, 이순신은 그런 사람이었다. 어찌 보면 이순신의 이런 지극 정성의 마음이 그가 벌인 모든 해전을 승리로 이끌고 임진왜란을 극복할 수 있었던 토대가 아니었나 생각된다.

《난중일기》에는 그가 해전을 앞두고 길흉을 점치는 광경이 종종 보이는데 그것은 요행을 바라는 마음에서 하는 일이 아니라 최선의 전투 준비를 갖춘 뒤 하늘의 명命을 기다리는 이른바 '진인사대천명盡人事待天命'의 숙연한 마음, 정성을 다하는 마음의 표시였다.

"새벽에 불을 밝히고 홀로 앉아 적을 칠 일로 길흉을 점쳐보았다. 첫 점은 '활이 살을 얻은 것과 같다'는 것이었고, 다시 치니 '산이 움직이지 않는 것과 같다'는 것이었다."

이때는 갑오년(1594) 9월 거제도 장문포의 일본군을 공격하기로 정해 놓은 날 아침이었다. 비록 전투를 위해 모든 준비가 완료된 상태였지만 승패의 불확실성 앞에서는 이순신 또한 점괘의 결과를 보고 조금이나마 마음의 위안을 갖고자 했던 평범한 인간이었던 것이다.

심지어 이순신은 꿈꾼 내용을 토대로 작전지시를 내릴 정도로 모든 촉각을 일본군의 격멸에 두고 승리를 위해 노심초사했다. "꿈에 적의 모습이 보였다. 그래서 새벽에 각 도道의 대장에게 알려 바깥 바다로 나가 진을 치게 했다. 해질 무렵에 한산도 안쪽 바다로 돌아왔다." 이것은 한산도에 삼도 수군의 전진기지를 설치하고 남해 해로 차단 전략을 구사하고 있었던 계사년(1593) 8월 25일자 일기이다. 잠을 자다 꿈속에 이상한 기미가 보이자 바로 출동 명령을 하달하여 하루 종일 한산도 바깥 바다에 나아가 일본군을 수색하다가 해가 질 무렵에 돌아왔으니 어찌 보면 이순신의 꿈 때문에 벌어진 해프닝이었다. 그러나 이순신의 경우 평소 꿈과 현실이 종종 일치하는 경우가 있었으므로 이런 일이 생기게 된 것이다.

"지극한 정성에는 하늘도 감동한다"는 말이 있다. 나라와 백성과 임금을 향한 이순신의 정성에 하늘도 감동했던지 중요한 일을 앞두고는 종종 주목할 만한 내용의 꿈을 꾸었다. 13척으로 133척의 일본 함대와 대적해야 했던 명량해전을 앞두고는 꿈에 신인神人이 나타나 "이렇게 하면 지고 이렇게 하면 이긴다"고 일러주었다 한다. 마지막 해전이 되고 만 노량해전을 앞두고는 자정에 배 위로 올라가 손을 씻은 다음 무릎을 꿇고 하늘에 빌었다. "이 원수 무찌를 수만 있다면 죽어도 여한이 없겠나이다." 이순신의 이 마지막 기도는 승리를 향한 지극 정성의 극치이다. 노량해전의 승리를 위해 그는 자신의 목숨을 하늘에 담보로 내놓았던 것이다.

정성精誠에는 사심私心이 없다. 정성의 주체는 언제나 내가 아니라 나라와 국민과 인류이다. 그래서 정성은 하늘과 통하고 하늘이 함께하는지도 모른다. 나라와 국민과 인류를 위한 지극한 정성, 대한민국의 리더들이 늘 염두에 두어야 할 중요한 덕목이 아닐 수 없다.

일벌백계의 리더십

■ 어떤 리더십을 구사해야 구성원들이 한마음 한뜻으로 조직에 주어진 목표 달성 또는 임무 완수를 위해 자신의 역량을 십분 발휘하도록 할 수 있을까? 현장의 리더들이 늘 고민하는 주제이다.

구성원들에게 직접적으로 영향을 주는 리더십은 아무렇게나 도출되는 것이 아니며 반드시 인간의 본성이나 행동 양태에 대한 이해가 전제되어야 한다.

군대와 같은 수직적 계급 사회에서 많이 보이는 엄격한 처벌이나 제재는 어떤 인간관에 기초한 것일까. 그것은 '인간은 해로운 것을 싫어하는 존재'라는 행동 특성에 기초한 리더십이다. 처벌에 의존하는 리더십은 비록 일시적이고 타율적이라는 단점이 있긴 하지만 가장 빠른 시간 내에 구성원들을 한마음 한뜻으로 만들 수 있다는 장점이 있다. 처벌에 대한 두려움은 사마천이 지은 《사기》의 〈손무 · 오기열전〉의 사례에서 확인할 수 있는 것처럼 연약한 궁녀조차도 단시간에 정예 병사로 만든다. 병사들의 목숨과 국가의 존망이 달려 있는 전쟁터에서 리더는 승리를 위해, 부대의 임무 달성을 위해 강제로라도 병사들의 전투력을 극대화해야 하는 상황에 직면한다. 군대 사회에서 명령과 복종이라는 엄격한 수직적 관계가 허용되는 것은 군의 임무가 개인의 이익 추구나 기업의 이윤 창출과는 달리 국가를 보위하고, 국민의 생명 및 재산을 보호하며 나아가 인류 평화 유지에 기여한다는 대의명분을 지니고 있기 때문이다.

이순신은 무서우리만큼 군율 집행에 엄격했다. 그렇다면 어떤 상황에서 이순신은 이런 극단적이고 타율적인 리더십을 발휘했던 것일까. 임진왜란 발발 1년 2개월 전 부임한 이순신에게 전쟁 준비를 위해 주어진 시간은 그리 많지 않았다. 일본의 침략을 직감한 이순신은 부임하자마자 무너진 성을 보수하고 예하 부대의 무기 관리 및 보수 상태를 점검했다. 임무를 소홀히 한 담당자에 대해서는 일벌백계했다. "아침 먹은 뒤에 나가 무기를 검열해보니 활, 갑옷, 투구, 화살통, 환도 등도 깨어지고 헐어서 볼품없이 된 것이 많았으므로 색리色吏와 궁장弓匠, 감고監考들을 처벌했다." 임진년 3월 6일 일기

임진년(1592) 4월 13일 이후부터는 이른바 전시 상황을 방불케 했다. 연이은 조선 육군의 패배 소식으로 민심은 흉흉하고 병사들의 마음도 불안한 상태였다. 임진년 첫 출동을 하루 앞둔 5월 3일 여도 수군 황옥천이 집으로 도망을 갔다. 이순신은 즉시

잡아들여 목을 베고 진중에 높이 매달았다. 부하를 처형하고 출동한 첫 해전인 옥포해전에 앞서 이순신은 "함부로 움직이지 말고 고요하고 무겁기를 태산같이 하라[勿令妄動, 靜重如山]"고 병사들을 단속했다. 승패를 가늠할 수 없는 첫 해전을 앞둔 이순신, 그의 긴장감과 비장함이 느껴진다.

전쟁이 장기화되자 고된 노역에 지친 병사들과 노를 젓는 격군格軍들이 도망치는 일이 종종 발생했다. 이순신은 도망을 주도한 병사나 격군들에 대해서는 예외 없이 처형이라는 극단적인 처벌을 단행했다. "이날 경상도에서 옮겨온 공문에 포로가 되었다가 돌아온 김호걸과 나장 김수남 등 명부에 올린 해군 80여 명이 도망갔다고 하며 또 뇌물을 많이 받고 잡아오지 않았다고 하므로 군관 이봉수와 정사립을 비밀리에 보내 70여 명을 찾아서 잡아다가 각 배에 나누어주고, 김호걸과 김수남은 그날로 처형했다." 계사년 2월 3일 일기 "흥양 보자기 막동이란 자가 장흥 군사 30여 명을 그의 배에 싣고 도망간 죄로 사형에 처하여 효시했다." 갑오년 8월 26일 일기 이처럼 도망자들에 대해 극형으로 다스린 것은 전시에 병력을 유지하고 관리하는 것이야말로 전쟁의 승패를 좌우하는 중차대한 일이었기 때문이었다.

군량을 여러 번 훔친 자에 대한 처벌도 매우 엄격하게 집행되었다. "각 배에서 여러 번 양식을 도둑질해 간 자를 처형했다." 갑오년 7월 3일 일기 "일찍 수루에 나가 남평의 색리와 순천의 격군으로 세 번이나 군량을 훔친 자를 처형했다." 갑오년 9월 11일 일기 군량은 전쟁을 수행하는 데 있어서 생명줄과 같은 것이다. 이 때문에 이순신은 군량을 훔친 자에 대해서는 거의 도망자 수준에 준할 정도로 처벌 수위를 높였다.

이순신의 처벌 횟수가 눈에 띄게 늘어나고 수위가 강화되는 시기는 칠천량해전 패배 이후 다시 삼도수군통제사에 임명된 직후부터이다. 이때 조선 수군은 거의 와해된 상태였고 장병들의 사기 및 군기 또한 말이 아니었다. 통제사에 재임명된 이순신이 8월 13일 보성에 도착했는데 전라좌수영의 참모장격인 우후 이몽구는 얼굴조차 보이지 않았다. 이순신은 다음날인 8월 14일 아침 이몽구를 잡아다 곤장 80대를 때린 것을 시작으로 조선 수군의 기강 확립에 들어간다. 8월 17일에는 회령포에 도착하여 군량을 도둑질해간 하급 관리를 잡아다 곤장을 쳤으며, 8월 19일에는 배멀미를 핑계로 나타나지 않은 경상우수사 배설을 대신해서 그의 군관을 불러다 곤장을 쳤다. 또 회령포 만호 민정붕이 사사로이 피난민에게 수군의 물건을 준 죄로 곤장 20대를 때렸다. 8월 25일에는 백성들 중에 남의 소를 훔치려고 왜적이 왔다는 헛소문을 퍼뜨린 두 명을 잡아다 목을 베고 효시했다.

이순신의 엄정한 군율 집행 이면에는 전투 준비 태세와 군기 확립 그리고 군심軍心과 민심民心의 안정이라는 대의大義가 전제되어 있었다. 13척으로 133척을 대적해야 하는 절체절명의 상황에서는 이순신도 어쩔 수 없이 강력한 처벌을 통해 조선 수군 장병들이 한마음 한뜻이 되도록 만들 수밖에 없었던 것이다.

배수진의 리더십

■ 《손자》에 "병사들은 위험한 곳에 투입한 연후에야 보존할 수 있으며, 사지死地에 빠지게 한 연후에야 살릴 수 있다"는 구절이 있다. 병사에게는 살아나기 어려운 사지에 던져놓으면 어쩔 수 없이 죽기를 각오하고 싸우는 행동 특성이 있다는 것이다. 이른바 '사람은 해로운 것을 싫어하는 존재'라는 인간관을 활용한 리더십이다. 이순신의 명언으로 잘 알려진 "죽기를 각오하고 싸우면 산다[必死則生]"는 말은 명량해전이 벌어지기 하루 전 조선 수군 장병들을 모아놓고 이순신이 한 훈시訓示 내용에 포함되어 있다. 그런데 하나밖에 없는 목숨을 바쳐 가며 죽기를 각오하고 싸우게 한다는 것은 말처럼 쉬운 것이 아니다. 그렇다면 어떻게 해야 부하 병사들이 죽기를 각오하고 싸우게 만들 수 있을까.

임진왜란 당시 수군은 매우 힘든 병역兵役이었으며 신분도 매우 낮았다. 따라서 그들에게 나라와 임금에 대한 자발적인 충성을 요구하는 것은 무리인 측면이 있었다. 또, 오랫동안 전쟁을 치러보지 않아 실전 경험이 거의 없었던 병사들은 군기나 사기 측면에서도 문제가 있었다. 이순신은 조선의 병사들을 어떻게 보았을까. 장계에서 확인해보자.

"우리나라 사람들은 10명 중에 8, 9명이 겁쟁이이고, 용감한 자는 10명 중에 1, 2명에 불과합니다. 이들이 평시에는 구별되지 않고 서로 섞여 있다가 무슨 소리가 나면 문득 도망쳐 흩어질 생각만 하여 놀라 엎어지고 자빠지며 다투어 달아납니다. 비록 그 안에 용감한 자가 있더라도 홀로 흰 칼을 무릅쓰고 죽기를 각오하고 돌격하여 싸울 수 있겠습니까."〈조진수륙전사장條陳水陸戰事狀〉

우리나라 사람 대부분을 겁쟁이라고 본 이순신의 인식이 자못 흥미롭다. 그러나 이순신이 이런 장계를 조정에 올린 데는 이유가 있었다. 그것은 수군의 전장 환경 특성을 조정에 알려 수군에 소속된 지역에서 육군을 징발해가지 말 것을 설득하기 위한 것이었다. 이순신은 수군의 전장 환경적 특성을 어떻게 이해하고 있었을까.

"해전에서는 많은 군졸들이 모두 배 안에 있으므로 적선을 바라보고 비록 달아나려 해도 도리가 없는 것입니다. 하물며 노를 재촉하는 북소리가 급하게 울릴 때, 만약 명령을 위반하는 자가 있다면 군법이 뒤를 따르는데, 어찌 마음과 힘을 다하여 싸우지 아니하겠습니까."〈조진수륙전사장〉

함정은 그 자체가 배수진이요 승리하지 못할 경우 모두가 함께 죽어야 하는 사지死地요 망지亡地라는 것이 이순신의 생각이다. 한 배를 타고 있는 수군 병사들은 생사를 함께할 수밖에 없는 운명 공동체이기 때문에 일단 전투가 벌어지면 죽기를 각오하고 싸울 수밖에 없다는 것이다. 따라서 전쟁 경험이나 훈련이 충분하지 않은 조선의 병사를 데리고 육전을 치르는 것은 효율성이 떨어지지만 해전에서는 지휘관이 병사들의 소질에 따라 잘만 지도하면 정예 병사처럼 한마음 한뜻이 되어 싸우게 할 수 있다는 것이 이순신이 파악한 수군의 장점이었다. 이에 기초하여 이순신은 "수군 소속 정예 병사 1명은 100명을 대적할 수 있다"〈청주사소속읍물정륙군장請舟師所屬邑勿定陸軍狀〉는 논리를 내세워 수군 소속 고을에서 육전을 위한 병사를 징발하지 말도록 요청하는 장계를 조정에 올리기도 했다.

이순신이 벌인 해전 가운데 가장 어려운 해전이 명량해전이었다. 절대 열세의 상황에서 해전을 치를 수밖에 없었던 조선 수군 병사들에게 울돌목은 이미 망지요 사지였다. 여러 겹으로 둘러싸고 공격해오는 일본 함선을 본 조선의 수군 병사들은 얼굴이 창백해질 정도로 질려 있었다. 이순신은 이런 상황을 예측하고 하루 전에 장수들을 불러놓고, "너희 여러 장수들이 조금이라도 명령을 어긴다면 군율대로 시행해서 작은 일일망정 용서치 않겠다"임진년 9월 15일 일기 다짐을 하였지만, 장수들 또한 절대 열세의 해전임을 알고 낙심하여 회피할 꾀만 내고 있었다. 조선 수군에게는 조류가 역방향이어서 노를 열심히 젓지 않으면 뒤로 밀리고 말 상황이었다. 2인자 격인 전라우수사 김억추조차도 벌써 2마장 밖으로 뒤처져 있었다. 순간 이순신은 다급했다. 부하 장수들을 질책하기 위해서는 배를 돌려야 하는데 그럴 경우 적들이 기세를 타고 몰려올 것이 분명했기 때문이다.

이순신은 홀로 닻을 박고 천자, 지자 등의 총통과 화살을 빗발치듯 쏘면서 고군분투했다. 그러자 일본 함선들도 더는 진격하지 못하고 관망하는 상황이 되었으며 일순간 소강상태가 전개되었다. 이 틈을 타 이순신은 기旗를 이용한 신호를 통해 부하 장수들을 불렀다. 가장 먼저 거제 현령 안위의 배가 당도했다. 이순신은 뱃전에 서서 그를 꾸짖었다. "안위야, 네가 군법에 죽고 싶으냐. 네가 군법에 죽고 싶으냐. 도망간다고 어디 가서 살 것이냐." 정유년 9월 16일 일기 이러고 있는 사이에 미조항 첨사 김응함이 또 당도했다. 이순신은 그를 준엄하게 질책했다. "너는 중군中軍으로서 멀리 피하고 대장을 구하지 않았으니 죄를 어찌 면할 것이냐. 당장 처형할 것이로되 적세가 급하므로 우선 공을 세우게 한다." 정유년 9월 16일 일기

이순신은 도망가려 했던 그들이 사지에 있음을 상기시켰다. 처형이라는 위험에 직면한 거제 현령 안위, 중군장 김응함은 자신들이 살기 위해선 용감하게 돌격하여 공을 세우는 길밖에 없다는 사실을 잘 알고 있었다. 이순신의 명령이 떨어지기가 무섭게 두 장수는 일본의 함선을 향해 곧장 돌격했다. 그리고 죽기를

각오하고 싸웠다. 이들의 용전분투에 힘입어 조선 수군은 반전의 계기를 마련하였고 결국은 절대 열세의 명량해전을 승리로 이끌었다. 거제 현령 안위는 이 공로로 통정대부通政大夫에 제수되었다.

적진에 침투하여 임무를 수행하는 군軍의 여러 특수부대들은 부대 구성원들의 결속력이 남다르다. 위험한 적진에서 임무를 수행해야 하는 만큼 한마음 한뜻이 되지 않고는 살아서 돌아올 수 없는 운명 공동체적 성격이 강하기 때문이다. 국가의 안위를 위해, 국민을 위해 군의 리더는 때로는 '위험에 처하면 한마음이 된다'는 타율의 리더십도 염두에 두어야 할 필요가 있다.

동기 부여의 리더십

■ 《손자》에 "이익으로 병사들이 전투력을 발휘하도록 유도한다[以利動之]"〈작전편作戰篇〉, "전투 중에 전차 10대 이상을 노획한 병사에게는 포상을 해야 한다"〈작전편〉라는 구절이 있다. 왜냐하면 "적에게서 재화를 얻을 경우 반드시 포상을 내린다면 병사들이 모두 욕심이 생겨 열심히 싸울 것"〈작전편〉이기 때문이라는 것이다. 이른바 사람은 '이익을 좋아하는 존재'라는 인간관에 토대한 리더십이다. 사람이 꼭 이익을 위해서만 행동하는 것은 아니지만 이익을 넘어서는 것도 쉽지만은 않다. 그래서 사람의 이기적 욕망은 도무지 그 한계를 가늠할 수 없을 정도여서 자신이 타죽을지도 모르고 뛰어드는 불나방에 종종 비유되기도 한다.

이순신은 매 해전마다 노획한 전리품 목록을 상세히 기록하여 조정에 보고했으며 사소한 것들은 현장에서 부하 병사들에게 나누어주었다. 장계를 확인해보자.

"왜선에 실렸던 왜의 물건은 모두 찾아내 다섯 칸 창고에 가득히 채우고도 남았으며 ……(중략)…… 왜선에 실려 있던 물건 중에 우리가 먹을 만한 쌀 300여 석은 여러 전선의 굶주린 격군과 사부들의 양식으로 적당히 나누어주고, 의복과 목면 등의 물건도 군사들에게 나누어주어서 적을 무찔러 이익을 얻으려는 마음을 일으키게 할까 하오나, 먼저 조정의 조치를 기다립니다."〈옥포파왜병장玉浦破倭兵狀〉 이순신은 노획한 전리품을 부하 장병들에게 나누어줄 경우 적을 무찔러 이익을 얻으려는 마음이 생겨 차후 전투에서 더욱 열심히 싸울 것이라는 논리를 펼쳐, 조정을 설득했다.

뿐만 아니라 이순신은 일본군에 대한 정보를 제공하는 백성들에 대해서도 후사했다. "웅천 사람으로 잡혀 갔던 박녹수, 김희수가 와서 얼굴을 보이며, 적의 정황에 대해 말해주었으므로 각각 무명 한 필씩을 주어 보냈다."을미년 9월 23일 일기 정보는 승리할 수 있는 작전 계획을 세우는데 가장 중요한 요소이다. 이순신은 적에게 잡혔다가 탈출해온 백성이나 항복한 일본인들로부터 작전에 필요한 중요한 정보를 얻곤 했는데, 정보 제공자에게는 반드시 대가를 지불했다.

그러자 이순신 주변에는 일본군의 활동상을 잘 봐두었다가 정보를 제공해오는 백성들이 줄을 이었다. "부산에서 빠져나온 4명이 '심유경沈惟敬이 소서행장小西行長, 현소玄蘇 사택정성寺澤正成, 소서비小西飛와 함께 이달 16일에 새벽 바다를 건너갔다'는 정보를 제공하기에 양식 3말을 주어 보냈다." 병신년 1월 19일 일기 비록 자발적인 방식이라고는 할 수 없지만 백성들에게는 정보를 제공함으로써 나라에도 충성하고 자신들의 이익도 챙길 수 있는 일거양득의 뿌듯함이 있었을 것이다.

이순신의 진영에는 항복한 왜인들도 많이 있었다. 항복한 왜인들을 데리고 오면 반드시 포상을 하는 이순신의 리더십이 널리 알려졌기 때문이다. "항복한 왜인 8명과 그들을 인솔해온 김탁 등 2명이 같이 왔으므로 술을 먹였다. 그리고 김탁 등에게는 각각 무명 1필씩을 주어 보냈다." 을미년 11월 26일 일기

이익을 좋아하는 병사들의 속성을 활용한 대표적인 리더십이 공정한 포상의 시행이다. 포상도 아무렇게나 하는 것이 아니라 전공을 세운 자를 엄선하여 그에 상응하는 포상을 시행할 때 그 효과가 배가된다. 임진년 초기 해전에서 조선 수군은 전투 중에도 사살된 일본군의 머리를 베느라 너무 많은 시간과 에너지를 쏟고 있었다. 심지어는 이순신이 지휘하는 전라좌수군과 원균이 지휘하는 경상우수군 사이에 일본군의 머리 베는 일로 다툼이 벌어지기까지 했다. 이순신은 제2차 출동에 앞서 부하 장병들을 모아놓고 약속했다. 목을 베지 않더라도 힘껏 싸운 자를 제1의 공로자로 삼아 반드시 포상하겠다는 것이 핵심 내용이었다. 그리고 그 약속을 지키기 위해 최선을 다하였다.

리더가 구성원과 한 약속이 이루어지지 않을 경우 그것은 상에 대한 믿음뿐만 아니라 지휘권에 막대한 타격을 준다는 것은

상식에 속하는 일이다. 이러한 노력을 통해 이순신은 수사水使로서의 권위를 확보했으며, 포상에 대한 믿음을 통해 부하 장수들의 전투 의욕을 고취했다. 남아 있는 장계 가운데는 여도 만호 김인영의 포상을 청하는 장계, 의병장 성응지, 승병장 수인, 의능 등의 포상을 청하는 장계가 있다. 이순신의 포상에 대한 공정성을 엿볼 수 있는 귀중한 자료이다.

사람은 남을 위해 희생할 수 있는 만물의 영장이기도 하지만 무한한 이기적 욕구를 지닌 동물이기도 하다. 따라서 조직의 리더들이 상황에 맞는 리더십을 제대로 발휘하기 위해선 사람을 살신성인殺身成仁할 수 있는 위대한 존재로도 보아야 하지만 동시에 무한한 이기적 욕구체라는 사실에도 주목해야 할 것이다.

동고동락의 리더십

■ 대화나 논리적 설득이 이성적 공감을 통해 마음을 모으는 방법이라면 부하 장병들과 '고통과 즐거움을 함께하는 것[同苦同樂]'은 감성적 공감을 유도하여 마음을 모으는 방법이다. 이른바 인간은 '감성적 존재'라는 데 기초한 리더십이다. 사람은 깊이 감동하면 하나밖에 없는 목숨도 내어놓는다. 《사기》 〈손무 · 오기 열전〉에는 오기 장군이 종기가 난 부하 병사를 보고 입으로 고름을 빨아 치료해주었다는 사례가 소개되고 있다. 장군에게서 그런 치료를 받고 난 후 그 병사가 다음 전투에서 어떻게 싸웠을지는 보지 않아도 상상이 간다.

이익을 위해서라면 죽음도 불사할 정도의 욕구를 지닌 것이 인간이지만 그런 인간이 누군가로부터 진한 감동을 받으면 아무런 조건 없이 하나밖에 없는 제 목숨을 내어놓는 특성 또한 동시에 가지고 있다는 사실에 주목해야 하는 이유이다.

감동은 꼭 거창한 일에서만 오는 것이 아니다. 아주 사소하고 작은 일에서 사람들은 감동을 받는다. 이순신은 많은 시간을 부하 지휘관, 참모들과 함께했다. "식후에 전라우수사 이억기의 사저 방에서 바둑을 두었다." 계사년 3월 12일 일기 "전라우수사, 충청 수사, 순천 부사, 낙안 군수, 방답 첨사를 초청해서 함께 햇과일을 먹고 놀다가 저물어서 헤어졌다." 계사년 6월 15일 일기 "이날은 명절이어서 방답 첨사, 여도 만호, 녹도 만호, 남도 만호를 불러서 술과 떡을 먹였다." 병신년 3월 3일 일기 "우수사와 군관들과 함께 진해루에서 활을 쏘았다." 계사년 5월 4일 일기 "여러 장수들이 모여 회의를 하고 그대로 들어가 앉아 위로하는 술잔을 네 순배 돌렸다. ……(중략)…… 밤이 깊도록 뛰놀게 했는데 그것은 억지로 즐기게 한 것이 아니라 다만 오랫동안 고생하는 장수들의 수고를 풀어주자는 생각에서였다." 병신년 5월 5일 일기

이순신은 전투가 없는 기간에는 부하들과 스스럼없이 바둑을 두거나 음식을 나누어 먹었다. 그리고 수시로 군관들과 편을 갈라 활을 쏘았으며, 뒤풀이로 술을 마셨다. 고향을 떠나 전쟁터에서 고생하는 장병들을 위로해주기 위해서였다. 오늘날 강조되는 스킨십이나 지휘관과 부하 병사들이 함께 몸을 부딪치는 집단 체육 활동, 회식 등은 감성적 일체감을 조성하는 데 아주 효과적인 리더십 요소이다.

이순신이 부하 장병들과 동고동락同苦同樂하면서 조성한 감성적 공감대는 위기 상황에서 빛을 발했다. "(이순신은) 밤이면 병사들을 쉬게 하고 자신은 반드시 화살을 다듬었다. 또 몸소 적의

칼날을 무릅쓰고 나아갔고 총탄이 좌우에 떨어져도 동요하지 않았으며 장병들이 붙잡고 만류해도 '내 목숨은 하늘에 달렸는데 너희들만 수고하게 하겠는가' 했다." 승전하여 상품을 얻으면 곧 여러 장수들에게 골고루 나눠주고 하나도 아끼지 않으므로 장병들이 두려워하면서도 사랑하여 각기 제 힘을 다하여 전후 수십 번 싸움에 한 번도 곤욕을 당한 일이 없다."《선묘중흥지》

조총의 탄환과 화살이 빗발치는 전쟁터에서 조선 수군의 최고 리더인 삼도수군통제사가 병사들과 함께 나란히 뱃전에 서서 활을 쏘는 모습을 상상해보라. 아마도 곁에 있던 장병들은 감격하여 죽기를 각오하고 싸웠을 것이다. 그리고 승리한 후에 받은 상품을 하나도 아끼지 않고 부하 장병들에게 모두 나누어주는 이순신의 모습에 또 한 번 큰 감동을 받았을 것이다. 이순신의 전승무패의 신화 속에는 이처럼 부하 장병들을 감동시킨 동고동락의 리더십이 있었던 것이다.

이순신이 부하 장병들과 나눈 동고동락의 백미는 임진년 제2차 출동 기간 중에 벌였던 사천해전에서 보인다. 사천해전은 사천의 선창가에 함선을 매어두고 육지로 피해 올라가 조총을 쏘아대는 일본군과의 싸움이어서 매우 위험한 해전이었다. "그날(사천해전이 있던 날) 공公도 철환을 맞았는데 왼편 어깨를 뚫고 등에까지 가 박혀서 피가 발뒤꿈치까지 흘러내렸다. 그러나 공은 그대로 활을 놓지 않고 종일 독전하다가 싸움이 끝난 뒤에야 칼

끝으로 살을 쪼개고 철환을 파내었는데 깊이가 두어 치나 되었다. 온 군중이 그제야 알고 모두들 놀라지 않은 이가 없었지만, 공은 웃고 이야기하며 태연했다."《행록》

이순신은 이 부상으로 오랫동안 고초를 겪었다. 이순신이 어떤 사람에게 보낸 편지에 그때의 상황이 기록되어 있다. "접전할 때 스스로 조심하지 못하여 적의 탄환에 맞아 비록 죽을 지경까지는 이르지 않았으나 어깨뼈가 깊이 상한데다 또 언제나 갑옷을 입고 있는 까닭에 상한 구멍이 헐어서 늘 물이 흐르기로, 밤낮없이 뽕나무 잿물과 바닷물로 씻건마는 아직 쾌차하지 못하여 민망스럽습니다."〈상모인서上某人書〉 사부들과 나란히 뱃전에 서서 활을 쏘다가 총탄을 맞고, 그 상처 때문에 오랜 기간 고초를 당하는 리더 이순신의 모습에 과연 감동하지 않을 장병이 있었을까.

전쟁의 와중인 계사년(1593) 왕세자 광해군이 전주로 내려와 과거시험을 치렀다. 수군의 무사들도 전주로 달려가 과거를 보고 싶었으나 거리가 멀어 전쟁터를 이탈할 수가 없었다. 부하들의 답답한 심정을 꿰뚫고 있던 이순신은 한산도 진중에서 과거를 볼 수 있도록 조정에 건의한다. "수군에 소속된 군사들은 ……(중략)……진중에서 시험을 보아 그들의 마음을 위로해주도록 하되, 규정 중에 있는 '말을 타고 달리면서 활 쏘는 것'은 먼 바다에 떨어져 있는 외딴 섬이라 말을 달릴 만한 땅이 없사오니, '말을 달리면서 활 쏘는 것'은 '편전 쏘는 것'으로 대체, 재능을 시험해보면 편리할까 생각되어 감히 품고하여 조정에서 선처해주시도록 삼가 갖추어 아뢰옵니다."〈청어진중시재장請於陣中試才狀〉

이 장계로 인해 이순신을 처벌해야 한다는 논의도 있었지만 결국은 이순신의 건의가 받아들여져 진중에 있는 군사들은 한산도에서 과거시험을 치를 수 있게 되었고, 많은 군사들이 무과에 합격하는 영광을 안았다. 무과에 합격한 장수들이 이후 해전에서 어떻게 싸웠을지, 처벌을 무릅써가며 부하들에게 무과 응시의 기회를 만들어준 이순신을 얼마나 존경했을지는 미루어 짐작이 간다. 조선 수군의 강력한 전투력의 바탕에 부하 장병들의 감성적 공감을 불러일으킨 이순신의 동고동락의 리더십이 자리하고 있었던 것이다.

2부

선승구전의 병법

그는 전투에 관한 한 완벽주의자요 원칙주의자였다. 그가 훌륭한 것은 언제나 열세한 상황에서 우세한 적을 만나 싸워 이겼기 때문이 아니라 어떤 상황에서든 인위적으로 우세한 상황을 조성해서 열세의 적과 싸워 이겼기 때문이다. 이순신은 1대 10, 1대 100으로 싸워 이긴 무협지의 주인공 같은 리더가 아니라 할 수만 있다면 10대 1, 100대 1의 상황을 만들어놓고 싸운 리더이다. 그는 패배하는 전투, 불리한 전투는 결코 벌이지 않았다. 불리한 전투에 나가라고 하면 그것이 비록 임금의 명령이라 하더라도 거절한 이가 이순신이었다.

"통합된 세력으로 분산된 적을 공격하라"

처음 이순신을 접했을 때 그는 큰 산과도 같았다. 50여 척밖에 안 되는 함선으로 학익진을 펼쳐 수적으로 우세한 70척의 일본 함선에 승리한 한산해전, 불과 10여 척을 가지고 300여 척(또는 500여 척)의 일본 함선과 싸워 이긴 명량해전, 이런 이야기를 접할 때면 이순신은 해전에 관한 한 거의 신의 경지에 오른 인물처럼 느껴졌다. 과연 그런가. 이순신은 불가능한 일도 가능케 하는 그토록 신묘한 영웅이었던가.

임진왜란이 발발한 1592년에 조선 수군은 네 차례 출동해서 총 16회의 크고 작은 해전을 벌였다. 제1차 출동에 동원된 전라좌수군과 경상우수군의 함선은 총 91척이었는데 첫 해전인 옥포해전에서 만난 일본 함선은 30여 척이었고, 두 번째 합포에서는 5척, 세 번째 적진포에서는 13척을 만났다. 제1차 출동 중에 치른 세 번의 해전에서 함선 수로 비교했을 때 각각 91대 30, 91대 5, 91대 13의 전투를 펼쳤던 것이다. 내용으로 볼 때 수적으로 열세하기는커녕 엄청나게 우세한 상황에서 전투를 치른 것이다.

제2차 출동은 제1차 출동과 마찬가지로 전라좌수군과 경상우수군이 함께했는데 판옥선, 거북선 등과 같은 전투함만 26척이었다. 첫 번째 사천에서 만난 일본 함선은 13척이었으며 두 번째 당포에서 만난 일본 함선은 21척이었다. 26대 13, 26대 21. 사천해전과 당포해전 역시 우세한 상황이었다. 26대 21로 맞붙은 당포해전에 이르러 조선과 일본 함선의 척수가 처음으로 비슷해졌다. 그런데 결과를 보면 조선 함선은 단 한 척도 격파되지 않은 반면 일본 함선은 21척 모두 격파되었다는 것을 알 수 있다. 전투력의 질적 측면에서도 조선 수군이 일본 수군에 비해 훨씬 우위에 있었음이 여기서 확인된다.

제2차 출동 세 번째 해전인 당항포해전을 앞두고 전라우수사 이억기가 지휘하는 전라우수영 함선 25척이 합세하여, 조선 수군의 함선은 총 51척이 되었다. 당항포해전에서는 일본 함선 26척을 만났으니 51대 26의 싸움이었던 셈이다. 네 번째 해전인 율포해전에서 만난 일본 함선은 7척으로, 이 또한 51대 7이라는 절대 우위의 상황에서 전투가 벌어졌다.

요약하면 제2차 출동 중 벌어진 네 차례의 해전에서 이순신의 조선 수군은 전투에 나선 함선 수로 볼 때 각각 26대 13, 26대 21, 51대 26, 51대 7의 전투를 벌였다. 수적 측면에서는 절대 우세였으며 전투력의 질적인 측면까지 고려한다면 일본 수군과 조선 수군의 격차는 이보다 훨씬 커진다.

제3차 출동 때 있었던 한산대첩은 한산도해전과 안골포해전으로 구분된다. 첫 번째 한산도해전에 동원된 조선 함선은 거북선 3척을 포함해서 전투함이 58척이었으며 이에 맞선 일본 함선은 73척이었다. 처음으로 수적 측면에서 열세에 놓였지만 전투력이라는 질적 측면에서는 이 역시 결코 열세가 아니었다. 한산도해전 결과 조선 수군의 함선은 단 한 척도 격파되지 않았던 반면 일본의 함선은 73척 가운데 59척이 격파 또는 나포되었다는 사실이 이를 증명한다. 안골포해전은 제대로 된 해전이라고 할 수도 없었다. 한산도해전에서 와키자카 야스하루가 지휘하는 일본 함대가 전멸에 가까운 패배를 당했다는 소식을 들은 구키 요시타카, 가토 요시아키 등이 포구 깊숙이 함선을 정박해놓고 해상에 나와 싸우지 않았기 때문이다. 어쩔 수 없이 조선 수군은 교대로 포구를 출입하면서 공격을 가하여 42척 중 20여 척을 격파했다. 힘들긴 했지만 안골포해전 또한 58대 42의 수적 우세 상황에서 벌어진 해전이었다.

임진년 마지막 출동인 제4차 출동에서는 부산포해전을 포함하여 일곱 번의 크고 작은 해전을 치렀다. 여기 동원된 조선 함선은 지원선을 포함 총 166척이었다. 전라좌 · 우수군, 경상우수군으로 구성된 통합 함대는 부산포 쪽으로 나아가면서 장림포에서 6척, 화준구미에서 5척, 다대포에서 8척, 서평포에서 9척, 절영도에서 2척, 초량목에서 4척을 만나 모조리 격파했다.

166대 6, 166대 5, 166대 8 등 10여 척 미만의 일본 함선과 싸웠으니 그야말로 절대 우세한 상황에서 토끼몰이식으로 벌인 해전이었다. 그러고는 부산포에 이르러 정박해 있는 470여 척의 일본 함선을 공격하여 100여 척을 격파했다. 부산포해전의 경우 비록 166대 470으로 수적으로는 열세였지만 조선 수군의 위용에 겁을 먹은 일본 함대가 바다로 나오지 않고 포구에 정박한 함선에서 또는 육지에서 대응하는 상황이었기 때문에 주도권은 조선 수군이 쥐고 있었다.

이순신은 언제나 가용한 모든 함대를 통합하여 운용했다. 제1차 출동 때에는 전라좌수영과 경상우수영 함대, 그리고 제2차 출동 중반 이후부터는 전라우수영 함대가 가세하면서 전라좌·우수영과 경상우수영의 통합 함대가 구성되었다. 갑오년(1594) 초에 이르러서는 충청수영의 함대까지 가세하여 명실공히 전라·경상·충청의 삼도 수군 통합 함대가 만들어졌다.

실제로 부산포에서부터 거제도에 이르는 지역에 포진해 있는 일본의 함선은 700척에서 1천여 척에 달했다. 반면 조선 수군에는 순수 전투함이라고 할 만한 것이, 1592년 부산포해전 당시까지도 80여 척에 불과했다. 넓은 바다로 나가서 일대 결전을 벌인다면 조선 수군의 질적 전투력이 아무리 막강했다 해도 쉽게 승리를 장담할 상황이 아니었다. 이렇게 전체 함선 수에서 엄청난 차이가 있는데도 막상 전투가 벌어지는 국면에서는 언제나 조선 수군이 수적으로 우세했다. 조선 수군은 통합된 반면 일본 수군은 분산된 상태에서 싸웠기 때문이다. 통합된 세력으로 분산된 열세의 적을 공격하여 완벽한 승리를 일궈낸 이순신의 해전 사례는 '전투력 집중'의 모범이 될 만하다.

"적의 선봉에 화력을 집중하라"

병력의 통합 운용이 해전 전체 국면에서의 '전투력 집중'이라면 화력 집중은 구체적인 전투 국면에서의 '전투력 집중'이다. 이순신은 해전이 벌어지면 항상 적의 지휘선이나 주력함을 식별하여 화력을 집중, 순식간에 격파함으로써 전투 국면을 유리하게 만들었다.

임진년 제2차 출동한 당포해전에서 이순신은 가장 먼저 거북선을 일본 수군 장수가 탄 지휘선으로 돌격시키고 총통으로 지휘선의 상부 구조물을 격파했다. 그러고 나서 활을 사용하기 어려운 거북선은 돌아 나오고, 뒤따르던 판옥선이 일제히 전진하게 했다. 은신할 곳을 잃고 우왕좌왕하는 일본 병사들은 판옥선에서 퍼붓는 화살과 철환에 그대로 노출됐다. 지휘선에 타고 있던 일본 장수는 중위장인 순천 부사 권준의 화살을 맞고 바다로 추락하고, 건져올려진 뒤 효시되었다. 해전이 시작되자마자 일본 수군의 지휘 체계가 마비되고 만 것이다.

적의 지휘선에 화력을 집중하는 공격 패턴은 당포해전 직후 벌어진 당항포해전에서도 그대로 반복된다. 당포해전을 승리로 이끈 후 소소강 서쪽 기슭을 순찰하던 조선 함대는 검은색으로 칠한 일본 함선 26척을 다시 발견한다. 그 가운데는 판자로 3층 누각을 세운 큰 배도 있었다. 지휘선이 틀림없었다. 이순신은 순간 고민했다. 곧바로 공격해 들어가면 일본 수군들이 배를 버리고 육지로 도망갈 수도 있는 상황이다. 하여 이순신은 일본 수군이 바다 가운데로 나올 수 있도록 길을 열어주는 유인술을 구사했다. 이렇게 되자 일본 지휘선인 층각선層閣船은 다른 배들의 호위를 받으며 이순신이 열어준 길을 따라 바다 가운데로 나왔다. 이순신은 이때를 놓치지 않고 층각선을 향해 거북선을 돌격시켰다. 장계를 확인해보자.

"우리의 여러 전선은 사면으로 포위하면서 재빠르게 협공을 하고 돌격장이 탄 거북선이 또 층각선 밑으로 치고 들어가 총통을 치쏘아 상부의 누각을 쳐부쉈습니다. 또 여러 함선이 불화살로 그 비단 휘장과 베돛을 쏘아 맞히자 맹렬한 불길이 일어나고 누각 위에 앉아 있던 왜장이 화살에 맞아 바다로 떨어졌습니다. 다른 왜선 네 척이 이 창황한 틈을 타서 돛을 올리고 북쪽으로 달아나려 하는 것을 신과 이억기 등이 거느린 여러 장수들이 패를 갈라서 접전하며……. (후략)"

이순신은 당항포해전에서도 어김없이 일본의 지휘선을 향해 거북선을 돌격시켜 먼저 총통으로 상부 구조물을 격파하고 그 다음에는 뒤따르던 판옥선에서 불화살을 쏘아 비단 휘장과 돛을 불태우는 동시에 화살을 쏘아 일본의 지휘관을 사살했다. 거북선과 판옥선의 협공으로 순식간에 지휘선을 격파하고 지휘관을 사살했으며 이후 지휘관을 잃고 도망가는 일본 함선을 추격하여 모조리 격파한 것이다.

임진년 제3차 출동 중에 있었던 한산도해전은 함포 포격 전술에서의 화력 집중의 표본이다. 이순신은 견내량에 정박해 있던 일본 함대를 한산도 앞 넓은 바다로 유인했다. 일본 수군의 경우 해전을 벌이다 불리하면 포구에 배를 대고 육지로 도망가는 일이 종종 있었기 때문이다. 그러고는 학이 날개를 펴는 것과 같은 모양의 학익진을 펼쳐 일본 함대를 공격했다. 한산도해전을 기록한 장계를 확인해보자.

"먼저 판옥선 대여섯 척을 시켜 선봉으로 나온 적선을 뒤쫓아 습격할 기세를 보였더니 여러 배의 적들이 일시에 돛을 달고 쫓아 나왔습니다. 바다 가운데로 나와서는 다시 여러 장수들에게 명하여 학익진을 펼쳐서 일시에 진격했습니다. 각각 지자 · 현자 · 승자 등의 여러 총통을 쏘아서 먼저 두세 척을 쳐부수자, 여러 배의 왜적들이 사기가 꺾여 도망하였습니다. 여러 장수나 군사들이 이긴 기세를 뽐내어 앞다투어 돌진하면서 화살과 불화살을 번갈아 쏘니 그 형세가 바람과 우레 같았습니다. 일시에 적의 배를 불태우고 적을 사살하여 거의 다 없애버렸습니다."

학익진은 선수에 배치된 총통 한두 문이 아니라 현측에 배치된 6~10문의 총통을 효과적으로 사용하기 위한 진법이다. 이순신은 대여섯 척의 배를 투입하여 일본 함대를 유인했다. 그리고 추격해오는 일본 함대를 기다렸다가 학익진으로 에워싸면서 선두의 두세 척을 향해 여러 척 함선의 현측에 배치된 총통의 화력을 집중시켰다. 일본 함대의 선두 함선 두세 척은 수십 문의 총통 공격을 일시에 받고 순식간에 격파되었다. 기선을 잡은 조선 수군은 일제히 전진하면서 우왕좌왕하는 일본 함선을 거의 대부분 각개 격파했다.

개전 초기에 거북선을 돌격시켜 적의 지휘선에 화력을 집중한 당포해전이나 당항포해전과는 달리 한산도해전에서는 학익진을 이용하여 선두의 두세 척에 화력을 집중, 일시에 격파함으로써 해전의 주도권을 잡았다. 거북선과 학익진을 활용하여 적의 지휘선이나 선봉에 화력을 집중하는 것, 이순신이 세운 전승무패의 또 하나의 비결이었다.

"싸울 장소와 시간을 주도적으로 선택하라"

전투의 주도권 확보는 승리하기에 유리한 장소와 시간을 어느 쪽이 선점하느냐에 달려 있다. 이를 위해 필수적인 요소가 바로 정보다. 아군은 적군을 알고 적군은 아군이 언제 어디서 공격할지를 모르는 상태에 놓인다면 아군은 자신들이 원하는 시간과 장소에서 전투를 벌여 승리할 수 있기 때문이다. 이순신은 거의 모든 해전에서 그가 원하는 장소와 시간에 해전을 벌여 주도권을 장악했다.

임진년 제1차 출동 중에 벌어지는 옥포, 합포, 적진포 해전에서 이순신이 지휘하는 조선 함대는 항상 사전에 입수한 정보에 따라 일본 수군을 색출하여 격파했다. 일본 함대는 대개 전투 준비가 전혀 되어 있지 않은 채로 노략질에 빠져 있다가 예상치 못한 상황에서 조선 함대를 만나 궤멸되곤 했다. 다음은 이순신이 최초의 해전이었던 옥포해전을 끝낸 뒤 올린 장계이다.

"적도들이 포구에 들어가 분탕질을 하여 연기가 산을 덮었는데, 우리 군선을 돌아보고는 허둥지둥 어찌할 바를 모르면서 제각기 분주히 배를 타고 아우성치며 급하게 노를 저어 중앙으로는 나오지 못하고 기슭으로만 배를 몰고 있었습니다. 그 가운데 여섯 척이 선봉으로 달려 나오므로 신이 거느린 여러 장수들이 일심 분발하여 모두 죽을힘을 다하니 배 안에 있는 장병들도 그 뜻을 본받아 분발하고 격려하여, 죽기를 기약하며 동서로 충돌하고 둘러싸서 바람과 우레같이 총포와 활을 쏘았습니다. 적들도 총과 활을 쏘다가 기운이 다 되어, 배 안에 있는 물건을 바다에 내던지느라고 정신이 없었으며, 화살에 맞은 자, 바다에 떨어져 헤엄치는 자가 이루 헤아릴 수 없었습니다. 적들은 일시에 무너지고 흩어져 서로 앞을 다투어 바위언덕으로 기어올랐습니다."

이 장계에서 보듯 임진년 초기 해전은 조선의 정예 수군과 옥포, 사천, 당포, 당항포, 거제 등 남해 연안 지역에 상륙하여 노략질을 일삼고 있던 일본 수군과의 해전이었다. 지상전 승리에 도취해 있던 일본 수군은 조선 수군의 실체에 대하여 아는 것이 없었고 설상가상으로 해전을 위한 준비도 미흡했다. 그런 상태에서 만반의 준비를 갖추고 갑자기 나타난 조선 수군과 원하지 않는 장소와 시간에 해전을 벌였으니 그 결과는 언제나 전멸에 가까운 패배일 수밖에 없었다. 일본 수군은 주도권 확보의 요체인 정보력, 싸울 장소와 시간의 선택 중 어느 것 하나에서도 우위에 서보지 못했다.

임진년 제2차 출동 중에 있었던 사천, 당포, 당항포, 율포 등 네 번의 해전도 마찬가지였다. 이순신은 적극적으로 수색전을 펼쳐 먼저 일본 함대를 발견하고, 장소가 해전을 벌이기에 적합한지 여부를 판단했으며, 유인술이나 함대 결전 등 상황에 맞는 공격 방식을 결정하여, 조우한 일본 함대를 모조리 격파했다. 다음은 당포해전 직전의 상황을 기록한 장계이다.

"2일 오전8시에 '적선이 당포 선창에 정박해 있다'는 말을 듣고 오전 10시쯤 바로 그곳에 도착하니 무려 200여 명의 왜적들이 반은 성으로 들어가 분탕질을 하고, 또 많은 수의 왜적이 성 밖의 험한 곳에 자리를 잡고 함께 철환을 쏘았습니다."

이를 보면 당포해전 또한 일본 수군이 당포에 상륙하여 마을을 불태우고 노략질을 하다가 조선 수군의 수색망에 걸려 공략을 당하는 상황임을 알 수 있다.

제3차 출동 중에 벌어진 한산도해전도 마찬가지였다. 한산도 앞 넓은 바다를 해전 장소로 택한 것은 이순신이었다. 그는 해전이 있기 전날 밤 장소 문제를 놓고 고민한 끝에, 좁은 견내량에서는 판옥선을 운용하기 어렵고 일본 수군이 해전을 피하고 도주할 수도 있다는 점 등을 고려하여 한산도 앞바다를 해전 장소로 택했다. 한산도 앞바다는 함포 포격 전술을 구사하는 조선 수군이 화력 집중을 위한 학익진을 펼치기에 가장 유리한 장소였던 반면 등선백병전이 주요 해전 전술이었던 일본 수군에게는 가장 불리한 장소였다.

가장 어려웠던 해전으로 평가되는 명량해전에서도 해전의 장소를 주도적으로 선택한 것은 이순신이었다. 전라남도 회령포에서 10여 척의 함선을 수습한 이순신은 후퇴에 후퇴를 거듭했다. 200여 척의 일본 함대가 하루 정도의 거리를 두고 뒤쫓고 있었기 때문이다. 어디서 싸워야 승산이 있을까. 고민을 거쳐 결정된 장소가 바로 명량이었다. 조선 함대 13척이 명량의 물목 바깥 넓은 바다에 포진하고 있다가 명량의 좁은 물목을 5, 6열 종대로 빠져나오는 일본 함대를 공략한다면 전체 숫자로 보면 13대 133의 열세이지만 실제로 해전이 벌어지는 국면에서는 오히려 13대 5 또는 6으로 우위를 점할 수 있다는 것이 이순신의 계산이었다. 명량의 좁은 물목은 수적으로 열세한 조선 수군에게는 가장 유리하고, 수적으로 우세한 일본 수군에게는 가장 불리한 장소였던 것이다. 좁은 물목에서는 일본 함선이 아무리 많다 하더라도 동시에 전투력을 발휘할 수 없었기 때문이다.

마지막 노량해전에서도 이순신은 싸울 장소와 시간을 주도적으로 선택함으로써 해전의 주도권을 확보했다. 예교성 앞 해상에서 고니시 유키나가 부대의 철군로를 봉쇄하고 있던 이순신은 사천, 남해, 부산 등지에 있던 일본 수군이 고니시 부대를 구원하기 위해 출동할 것이라는 정보를 입수하자 곧바로 봉쇄를 풀고 노량으로 향했다. 계속해서 고니시 부대를 봉쇄할 경우 고니시 부대와 구원하러 오는 일본 함대에게 앞뒤로 협공을 당할 위험이 있었기 때문이었다. 조선 함대는 11월 18일 저녁 노량 입구로 이동하여 구원하러 오는 일본 함대를 기다렸다. 그리고 11월 19일 새벽 2시경 일본 함대가 노량의 물목을 빠져나오면서 해전이 시작되었다. 북서풍이 부는 겨울이어서 바람이 불어가는 쪽에 위치한 조 · 명 수군 연합 함대가 화공을 펼치기에도 유리했다.

싸울 장소와 시간을 자신의 의도대로 선택함으로써 해전에서의 주도권을 확보하는 것, 이순신 승리의 또 하나의 비결이었다.

"지형의 이점을 십분 활용하라"

《맹자》에 "천시天時는 지리地利만 못하고 지리地利는 인화人和만 못하다"라는 구절이 있다. 비록 인화만은 못하지만 지형의 이점을 활용하는 것 역시 전쟁의 승패에 매우 중요하다.

지형의 이점을 활용해 승리한 대표적인 해전이 앞서도 살펴본 명량해전이다. 전투에 투입된 함선 수로 볼 때 13대 133의 싸움이었던 명량해전의 승리 요인을 이해하는 데 가장 중요한 포인트는 명량의 좁은 물목과 빠른 조류라는 지형의 특성을 잘 이용했다는 것이다. 실제로 10여 척의 조선 함대를 명량 입구까지 추격해온 일본 함대는 200~300여 척이었던 것으로 알려져 있다. 그러나 빠른 조류와 좁은 물목이라는 지형적 여건 때문에 최종적으로 조선 함대를 공격하기 위해 투입된 일본 함대는 세키부네關船 중심의 133척이었다. 판옥선과 크기가 비슷한 대선인 아다케부네安宅船가 빠졌던 것이다. 그런데 133척의 세키부네도 명량의 좁은 물목에서는 동시에 전투력을 발휘할 수 없었기에 최종적으로 이순신의 조선 함대와 해전을 벌인 것은 구루시마 미치후사 등이 지휘하는 선봉 함대 31척이었다. 이순신은 명량의 좁은 물목을 해전 장소로 택함으로써 최초 13대 200 내지 300의 절대 열세 상황을 13대 133으로 바꾸었고, 최종적으로는 13대 31의 상황이 되도록 만들었다. 1대 20을 1대 3 미만으로 축소시킨 것이다.

해전이 벌어지기 하루 전 통제사 이순신은 진영을 진도의 벽파정에서 명량의 물목을 빠져나와 전라우수영으로 옮겼다. 이순신은 일기에 "수효가 얼마 안 되는 수군으로 명량을 등지고 진을 칠 수가 없기 때문이다"라고 그 이유를 밝혔다. 진을 옮긴 후 이순신은 예하 지휘관과 참모들을 불러 모았다. "병법에 이르기를, '죽기를 각오하고 싸우면 살고, 살려고 꾀를 내고 싸우면 죽는다[必死則生, 必生則死]' 했고, 또 '한 사내가 길목을 지키면 천 사내라도 두렵게 할 수 있다[一夫當逕, 足懼千夫]' 했는데, 모두 오늘 우리를 두고 이른 말이다." 여기서 주목되는 구절이 '한 사내가 길목을 지키면 천 사내라도 두렵게 할 수 있다'는 말이다. 관우나 장비 같은 힘센 장수가 외나무다리 같은 좁은 길목을 막고 딱 버티고 있으면 적이 아무리 많더라도 당해낼 수 있다. 그 수가 많다고는 하나 외나무다리에서라면 한 번에 한 사람밖에 건너올 수 없기 때문이다. 이것이 이순신이 명량의 좁은 물목을 해전 장소로 택한 이유였다.

좀 더 거시적인 측면에서 지형의 이점을 활용한 대표적인 사례가 한산도에 삼도 수군의 전진기지를 설치한 것이다. 왜 여수 본영을 두고 한산도에 전진기지를 설치했을까. 이순신은 1592년에서 1593년 6월 초까지 많은 시간을 거제도의 견내량, 칠천량, 영등포, 진해 인근의 웅천 등지에서 해상작전을 수행하면서 보냈다. 조선 수군이 웅천 앞바다까지의 제해권을 장악하고 있었기 때문이다. 그러나 6월 중순부터는 상황이 달라졌다. 500~600척 규모의 일본 수군이 안골포, 웅포, 제포로 밀려들어왔으며 나아가 거제도의 칠천량까지 진출한 것이다. 이렇게 되자 견내량을 경계선으로 조선 수군과 일본 수군이 대치하는 국면이 되었다. 이순신은 이때부터 한산도에 전진기지를 세울 준비를 시작했다. 여수 본영에서부터 일본 수군과의 해상 분계선인 견내량까지의 거리가 너무 멀었기 때문이다.

드디어 1593년 7월 15일 이순신은 경상도 해역인 한산도에 삼도 수군의 전진기지를 설치했다. 이 사실은 이순신이 사헌부 지평 현덕승에게 보낸 편지에서 확인된다. "가만히 생각해보건대, 호남은 나라의 울타리입니다. 만약 호남이 없다면 국가가 없어지는 것입니다[若無湖南, 是無國家]. 그래서 어제 진을 한산도로 옮겨서 바닷길을 막을 계책으로 삼았습니다." 한산도에 전진기지를 설치할 즈음에 일본군은 부산, 창원을 비롯한 경상도 지역을 장악하고 있었으며 남은 지역은 호남뿐이었다. 호남이 최후의 보루였던 셈이다.

부산을 침략의 거점으로 삼은 일본군이 호남을 장악하려면 수륙병진水陸竝進을 해야 하는데 그러려면 한산도의 조선 수군을 먼저 격파하지 않고서는 불가능했다. 해로를 포기하고 지상으로만 공격해 들어갈 수도 있었지만 경상도 해역 깊숙이 위치한 한산도에 조선 수군의 본진이 자리한 상황에서는 뒤가 불안할 것이기 때문이다. 이것이 칠천량해전에서 조선 수군이 궤멸되기 전까지 일본군이 호남을 적극적으로 공략하지 못한 가장 큰 이유이다.

임진년 초기 이순신이 남해의 제해권을 장악하여 바다를 통한 보급로를 차단하고 설상가상으로 명나라 원군이 파병되자 함경도와 평양까지 진출한 일본군은 진퇴양난에 빠졌다. 이후 일본군은 평양성전투에 패배한 것을 기점으로 남쪽으로 후퇴하여 거제도 동쪽의 웅천, 안골포에서부터 부산에 이르는 남해 연안에 성을 쌓고 웅거하는 형태의 수세에 몰리게 된다.

부산에 거점을 둔 일본군이 남해를 통과하려면 거제도와 육지 사이의 해협인 견내량을 통과하거나 거제도 바깥바다인 옥포 쪽으로 돌아가는 길밖에 없는데, 한산도는 거제도 바로 뒤에 위치하여 두 길목을 모두 차단할 수 있는 지리적 이점을 확보하고 있는 곳이었다. 조선 수군이 한산도에 전진기지를 설치하여 바닷길을 차단함으로써 곡창인 호남이 보전되었고, 그에 따라 조선은 전쟁을 수행할 수 있는 경제적 토대를 갖출 수 있었다. 뿐만 아니라 보급로가 차단되었음을 깨달은 일본군은 임진년 초기처럼 함경도나 평양 등지로 내륙 깊숙이 마음 놓고 진격할 수가 없었다. 이렇게 볼 때 한산도의 지리적 이점을 활용한 이순신의 해로 차단 전략은 임진왜란 전 기간을 통해 가장 성공한 수군 전략이라고 평가될 수 있을 것이다.

"정확한 정보가 아니면 함부로 움직이지 마라"

《손자》에 "적을 알고 나를 알면 백 번 싸워도 위태롭지 않다"는 말이 있다. 승리를 위한 모든 작전은 정확한 정보로부터 시작되어야 함을 강조한 말이다. 앞에서 살펴본 이순신 병법, 예컨대 통합된 세력으로 분산된 열세의 적을 공격하기 위해서는, 또는 싸울 장소와 시간을 주도적으로 선택하기 위해서는, 나는 적을 알되 적은 나를 몰라야 한다.

다음은 옥포해전 직전의 상황을 기록하고 있는 장계이다. "5월 7일 새벽에 일제히 출발하여 적선이 정박하고 있다는 천성, 가덕으로 가다가 정오쯤 옥포 앞바다에 이르자, 우척후장 사도첨사 김완과 여도 권관 김인영 등이 신기전神機箭을 쏘아 급변을 보고하므로 적선이 있음을 알았습니다. 다시 여러 장수들에게 '함부로 움직이지 말고 고요하고 무겁기를 태산같이 하라[勿令妄動, 鄭重如山]'고 엄격한 당부를 전한 뒤에 옥포 바다 가운데로 대열을 지어 일제히 전진하였습니다."

옥포해전에 앞서 일본 함대를 발견한 것은 함대 맨 앞에 위치한 척후장이었다. 이순신의 치밀한 정보 수집은 임진년 제1차 출동에서 벌어진 세 번의 해전을 승리로 이끄는 견인차 역할을 했다. 해전이 벌어질 때마다 조선 수군은 일본 수군의 세력과 위치를 정확히 알고 있었던 반면에 일본 수군은 상대적으로 남해 연안의 지리에 어두웠고, 초기에는 경계나 정보 수집을 위한 탐망선을 거의 운용하지 않았다. 파죽지세의 지상전 승리에 도취되어 조선 수군의 존재를 염두에 두지 않았던 것이다.

1593년의 다음 장계는 이순신의 탐망선 운용의 일면을 아주 잘 보여준다. "신이 거느린 함선은 전투함이 42척이고 정탐용 작은 배가 52척이며, 우수사 이억기가 거느린 함선은 전투함이 54척이고 정탐용 작은 배가 54척이며, 전쟁 기구는 배의 척수에 따라 정비하였습니다." 1593년 기준 전라좌 · 우수영의 함선 세력은 전투함이 96척, 정보를 수집하는 탐망선이 106척이었다. 특히 이순신이 지휘하는 전라좌수영에는 탐망선이 전투함보다 10척 더 많았다. 탐망선의 적극적인 운용은 두 가지 면에서 유익했다. 하나는 전투에 앞서 일본 수군의 규모와 위치를 정확히 파악함으로써 승리할 수 있는 작전 계획을 치밀하게 수립할 수 있다는 것이며, 다른 하나는 모든 함선의 불필요한 기동을 최소화함으로써 노 젓는 격군들의 피로를 현저히 줄일 수 있다는 것이다.

탐망선으로 수집한 정보뿐 아니라 현지인들이 제공하는 정보도 요긴했다. 다음은 당항포해전 직전 정보 수집 정황에 대한 장계이다. "6월 5일 아침, 안개가 사방에 끼었다가 늦게야 걷혔다. 거제로 도망친 적을 토벌하려고 돛을 올려 바다로 나오던 중 거제에 사는 귀화인 김아무개 등 예닐곱 명이 조그마한 배에 같이 타고 와서 매우 기뻐하며 '당포에서 쫓긴 왜선이 거제를 지나 고성 땅 당항포로 옮겨 대고 있다'고 했습니다." 이순신은 즉시 함대를 당항포로 이동하여 당항포 어귀에 정박하고 있던 일본의 대·중·소선 26척을 모조리 격파했다.

한산도해전 또한 하루 전인 1592년 7월 6일 저녁나절, 현지인 김천손으로부터 '적의 대·중·소선을 합하여 70여 척이 오늘 오후 2시쯤 영등포 앞바다로부터 거제와 고성의 경계인 견내량에 이르러 머물고 있다'는 정보를 입수하면서 시작된다. 당포에 정박하고 있던 이순신은 밤새워 작전 계획을 수립하고 전투태세를 갖춘 뒤 다음날 이른 아침 한산도 앞바다로 진격했다. 그리고 사전에 수립된 작전 계획대로 좁은 견내량으로부터 한산도 앞 넓은 바다로 일본 함대를 유인해낸 뒤 학익진을 펼쳐 거의 대부분을 격파했다.

명량해전도 정보의 입수로부터 시작된다. 명량해전 이틀 전인 1597년 9월 14일, 이순신은 육로를 통해 명량의 입구 어란포 부근의 일본 수군 동태를 살피러 갔던 탐망 군관 임준영으로부터 '적선 총 200여 척 가운데 55척이 이미 어란포 앞바다에 진입했다'는 보고를 받았다. 일본의 공격 시점이 임박했음을 직감한 이순신은 우수영에 있던 백성들에게 육지로 피신하라고 지시하고, 9월 15일에는 진도의 벽파정에서 우수영으로 진을 옮겼다. 과연 일본 수군은 바로 다음날인 9월 16일 새벽 공격해 들어왔다. 이런 사실은 사전에 배치해놓은 정찰부대에 의해 즉시 탐지되었다. 일기에 "이른 아침에 탐망군이 와서 '적선 무려 200여 척이 명량으로부터 들어와 결진해 있는 곳으로 곧바로 향하고 있습니다'라고 보고했다"고 적혀 있다.

명량해전 약 한 달 전쯤, 전남 회령포에서 10여 척의 함선을 수습한 이순신은 이진, 어란포, 벽파정으로 후퇴에 후퇴를 거듭했다. 200~300여 척의 일본 함대가 추격해오고 있었기 때문이다. 이순신은 후퇴를 하면서도 32척의 탐망선을 운용하여 일본 수군의 추격 상황을 거의 실시간으로 파악하고 있었다. 명량해전을 승리로 이끄는 데 이순신의 치밀한 정보 수집, 분석, 활용 역량이 얼마나 중요한 역할을 했는지 확인할 수 있다.

한산도에 전진기지를 설치하고 남해 해로 차단 전략을 수행할 때, 이순신은 탐망선뿐만 아니라 정찰부대를 적극적으로 운용했다. 거제도 내해로 통하는 칠천량 앞바다를 감시하는 영등 정찰부대와 웅천, 가덕도 해상과 거제도 외해로 통하는 해로를 감시하는 대금산 정찰부대 그리고 고성 쪽의 육지와 바다를 감시하는 벽방산 정찰부대가 그것이다. 이순신은 이러한 정찰부대들의 활동을 통해 견내량 동쪽의 일본군 동태를 소상히 파악

할 수 있었다.

군의 정찰 업무가 얼마나 중요한지를 잘 알고 있었던 이순신이었기에 1597년 초, 가토 기요마사를 잡으러 출동하라는 조정의 명령을 이순신은 받아들일 수가 없었던 것이다. 명령 불복종이란 죄목으로 파직되고 죽임을 당할지언정 신뢰할 수 없는 정보에 기초하여 병사들을 사지로 내모는 무모한 작전명령을 내릴 수가 없었기 때문이다.

"만반의 준비 태세라면 승리는 당연하다"

● 임진왜란 당시 조선 수군은 고려 말 이래 200여 년에 걸쳐 함포 운용의 노하우를 축적한 군대였다. 또한 명종 10년(1555)부터 판옥선이 운용되기 시작했으니 판옥선에 총통을 싣고 실전에 임한 기간도 40년 가까이 되었다. 자랑스러운 해양 전통과 선각자들의 피와 땀이 바탕이 된 수군의 역량은 조선이 임진왜란을 극복하는 토대가 되었다.

이순신 개인적으로도 임진왜란 발발 1년 2개월 전인 1591년 2월에 전라좌수사로 부임하면서부터 전쟁 준비를 착실히 갖추었다. 일기를 쓰기 시작한 1592년 1월 1일부터 임진왜란이 발발하는 4월 13일까지의 일기를 살펴보면 그가 어떻게 전쟁 준비를 해왔는지를 짐작할 수 있다.

1592년 1월 11일 전라좌수영 항만 방어를 위해 쇠사슬 설치용 돌을 준비했고, 1월 12일에는 전라좌수영 본영과 각 포구의 진무鎭撫들을 대상으로 활쏘기 시험을 실시했다. 1월 16일에는 함선을 제대로 수리하지 않은 죄를 물어 방답진의 함선 관리 책임을 맡은 군관과 관리들에게 곤장을 때렸다.

2월 4일에는 전라좌수영 북쪽 산봉우리에 있는 봉화대를 점검하고, 2월 8일에는 거북선의 돛을 만들 베 29필을 확보했으며, 같은 날 오후에는 장교들에게 활쏘기 시합을 시켰다. 2월 11일에는 새로 뽑은 군사들을 점고했으며, 2월 15일에는 새로 건설한 해자 구덩이가 무너져 책임자를 처벌하고 다시 만들게 했다. 그리고 2월 19일부터 27일까지 9일 동안 예하 부대 순시에 나섰다. 전라좌수사로 부임한 지 꼭 1년이 지난 시점이었으므로 그동안 전쟁 준비를 위해 지시했던 내용을 확인하기 위한 순시였다.

2월 19일 당일에는 여천군의 백야곶, 순천을 지나 여도에 이르러 전투 준비 태세를 검열했다. 이튿날인 20일 아침에 여도의 함선을 좀 더 자세히 점고해보니 모두 새로 만든 것이었고 무기도 상당히 갖추어져 있음을 확인했다. 22일에는 녹도에 이르렀다. 먼저 흥양의 배 만드는 곳으로 가서 함선과 해전에 사용할 기구들을 점검했다. 그러고는 녹도로 가서 새로 쌓은 성의 문루 위에 올라가 녹도진의 성을 바라보니 준비가 잘 된 것이 한눈에 들어왔다. 일기에 "(녹도) 만호의 애쓴 정성이 안 미친 곳이 없었다"라고 쓰고 있다. 녹도 만호진의 전투 준비 태세가 마음에 들었던지 이순신은 대포 쏘는 훈련까지 참관했으며, 점검이 끝난 뒤 녹도 만호 정운과 함께 취하도록 술을 마셨다. 임진왜란이 발발하고 이순신이 경상도 해역으로 출동하는 시기 문제를 놓고 고민하고 있을 때 정운의 건의를 듣고 즉시 그 이튿날로 출동 일자를 결정하는데, 여기에는 정운에 대한 신뢰가 크게 작용했을 것으로 판단된다.

2월 23일에는 발포 만호진, 24일에는 사도 첨사진의 함선을 점검했다. 25일 아침, 본격적으로 사도 첨사진의 전비 태세를 점검했는데 마음에 들지 않았다. "전쟁 방비의 결함이 많으므로 군관과 색리들에게 벌을 주고, 첨사는 잡아들이고, 교수는 내보냈다. 방비가 다섯 포구 중에서 가장 못하건만 순찰사가 표창하는 장계를 올렸기 때문에 죄상을 검사하지 못하니 참으로 기가 막혀 웃을 일이다." 아마도 이순신이 순시할 당시 사도 첨사에 대한 순찰사의 표창 장계가 조정에 올라간 상태였던 것 같다. 처벌했다간 상관인 순찰사의 조치를 뒤집는 것이 되니 그렇게 할 수도 없는 상황에서 자조 섞어 탄식한 것이다.

26일에는 방답 첨사진을 순시했다. "장편전長片箭은 하나도 쓸 만한 것이 없어 참으로 딱했으나 전선은 조금 완전하니 반가웠다." 전라좌수영 예하 여러 포구의 전비 태세를 점검한 결과 여도와 녹도 만호가 최상의 평가를 받았으며, 방답 첨사는 중간쯤 그리고 사도 첨사는 최하의 평가를 받았다. 이순신은 2월 27일 모든 점검을 마치고 여수 본영으로 돌아왔다. 임진왜란이 일어나기 한 달 반 전에 예하 부대의 전투 준비 태세 검열을 모두 마친 것이다.

본영으로 돌아온 이순신은 마지막 전투 준비에 박차를 가한다. 3월 4일에는 여수 본영 서문 밖 해자를 보수하고 성벽을 더 높이 쌓아올렸다. 3월 2일과 3월 4일 일기에는 승군 100여 명이 전라좌수영의 전투 준비에 동원되고 있음이 확인된다. 이렇게 보면 전라좌수영에서는 임진왜란 이전에 이미 승려들에 대한 동원령을 선포한 것이다. 3월 5일에는 좌의정 류성룡에게 편지와 《증손전수방략增損戰守方略》이란 병법서를 받았다. 책에는 해전과 육전 그리고 화공 관련 전술들이 들어 있었다. 이 책은 이순신이 화공을 포함한 자신의 해전 전술을 완성하는 데 중요한 아이디어를 제공했었던 것 같다.

3월 6일에는 여수 본영의 전투 준비 태세를 점검했다. "아침을 먹은 뒤에 나가 앉아 무기를 검열해보니 활, 갑옷, 투구, 전통, 환도 등이 깨지고 헐어서 볼품없이 된 것이 많았으므로 색리와 궁장, 감고들을 처벌했다."

이순신은 또한 공무를 처리하는 틈틈이 예하 지휘관이나 참모들과 함께 활을 쏘았다. 해전에서는 활에 의한 공격이 차지하는 비중이 매우 높았기 때문이다. 뒤에 확인된 사실이지만 해전에서 활은 조총보다도 훨씬 더 위력적이었다. 3월 27일에는 전라좌수영 동쪽 소포에서 항만 방어용 쇠사슬을 설치하는 작업을 감독했으며, 거북선에서 총통 쏘는 것도 시험했다.

4월 11일에는 거북선에 사용할 돛베를 만들었으며, 임진왜란 발발 하루 전인 4월 12일에는 이순신의 전투 준비 태세의 백미라 할 거북선의 전력화가 완료된다. "식후에 배를 타고 거북선에서 지자·현자총통을 쏘아보았다." 옥포해전에서부터 일궈낸 전라좌수군 중심의 조선 수군의 승리는 이처럼 철저한 전투 준비의 결과였다. '준비 없는 승리는 결단코 없다'는 평범한 진리를 다시금 확인하게 된다.

"이겨놓고 싸워야 이긴다"

이순신이 일궈낸 전승무패의 승리를 살펴보면 치밀하고도 용의주도한 병법이 발견된다. 그는 언제나 통합된 세력으로 분산된 열세의 적을 공격했으며, 해전이 벌어지면 지휘선을 향해 거북선을 투입, 전광석화처럼 격파함으로써 적의 지휘 체계를 초기에 마비시켰다. 뿐만 아니라 조선 수군에게 가장 유리한 곳을 해전 장소로 선택함으로써 아군의 전투 역량을 극대화했으며, 명량해전처럼 절대 열세의 해전에서는 지리적 조건을 이용하여 수적 열세를 극복했다.

이순신의 병법을 관통하는 원리를 한마디로 요약한다면 '이겨놓고 싸운다'는 것이다. 《손자》에 "승리하는 군대는 먼저 이길 수 있는 조건을 모두 갖춘 뒤에 싸우고[勝兵先勝以後求戰], 패배하는 군대는 먼저 싸우고 나서 요행히 승리하기를 구한다"는 말이 있다. 이순신은 '선승구전先勝求戰'의 병법 원리를 철저히 준수했다.

임진년 1차 출동 때 동원된 조선의 함선은 지원선까지 포함해서 91척이었다. 1592년 5월 7일 정오경, 옥포만에서 일본 함선 30척이 발견되었다. 첫 해전이었기 때문에 극도로 긴장한 상태에서 전투가 벌어졌지만, 해전의 주도권은 처음부터 끝까지 이순신이 장악하고 있었다. 조선 수군은 도망가려는 일본 함대를 가로막아 적극적인 공격을 퍼부어 26척을 격파했다. 이순신은 이어서 같은 날 오후 웅천 지역의 합포에서 5척을 격파했으며, 그 이튿날인 5월 8일에는 적진포에 13척이 있다는 정보를 입수하고 출동하여 모조리 격파, 분멸했다. 사전에 입수한 정보를 토대로 한 치밀한 작전 계획, 분산된 적군에 대한 수적 우세, 함포 포격전을 위주로 한 강력한 전투력 등 이순신은 전투에 출전하기 앞서 이길 수 있는 모든 조건을 완비하고 있었다.

제1차 출동을 통해 일본 수군의 전투력을 확인한 이순신은 제2차 출동부터는 비록 제한적이긴 하지만 '함대 결전 전략'을 구사했다. 일본 함대를 적극적으로 찾아나섰으며, 함대를 발견하면 좁은 포구로부터 넓은 바다로 유인하여 결전을 벌임으로써 함포 포격 전술을 구사하는 조선 수군의 전투력을 극대화했다. 유인술에 이은 함포 포격전의 적극적 전개는 전투력 우위를 확신하지 못한다면 채택하기 어려운 전술이다.

당항포해전을 묘사한 장계를 보자. "그런데 신의 생각으로는 만약 저 적들이 형세가 궁해져 배를 버리고 상륙하면 모조리 섬멸하지 못할 것 같았습니다. '우리들이 거짓으로 포위를 풀고 퇴군하는 것처럼 진을 후퇴시키면 적들이 반드시 그 틈을 타서 배를 옮길 것이니 그때 좌우에서 쫓아 공격하면 거의 섬멸할 수 있을 것이다'라고 전령한 뒤에 퇴군하여 한쪽을 풀어주었습니다. 과연 열어준 길을 따라 층각선이 나오는데 ……(중략)…… 우리의 여러 전선은 사면으로 포위하면서 재빠르게 협공하고, 돌격장이 탄 거북선이 또 층각선 밑으로 치고 들어가 총통을 치쏘아 상부의 누각을 쳐부쉈습니다. 또 여러 함선이 불화살로 그 비단 휘장과 베돛을 쏘아 맞히자 맹렬한 불길이 일어나고 ……(중략)…… 허다한 적도들은 혹은 물에 빠지기 바쁘고 혹은 기슭을 타고 올라가며 혹은 산으로 올라 북쪽으로 도망쳤습니다. ……(후략)"

당항포해전에서 조선 수군은 일본 병사의 머리를 43급이나 베고 또 조우한 일본 함선 26척을 모조리 격파했다. 당항포해전은 전투 직전에 이억기가 지휘하는 전라우수영 함대가 합세했기에 전라좌·우수영, 경상우수영의 함선이 모두 51척에 달했다. 전투력 우위를 확신한 이순신은 일본 수군이 육지로 도망가지 못하도록 넓은 바다로 유인하여 총통 공격에 의한 격파, 활에 의한 사살, 화공에 의한 분멸을 통해 완전한 승리를 거두었다. 이로써 보건대 당항포해전은 이겨놓고 싸운 대표적 해전이다.

임진왜란 3대 대첩의 하나로 꼽히는 한산해전은 이제까지 열세한 해전, 불리한 상황에서 싸워야 했던 해전으로 많이 알려져 있었다. 조선 수군의 함선이 50여 척인 데 반해 일본의 함선은 70여 척이나 되니 얼핏 보기엔 조선 수군이 열세인 듯도 하다. 그러나 일본 측 자료를 보면 한산해전에 동원된 조선의 함선은 거북선 3척, 판옥선 55척, 지원선 50척으로 도합 108척이다. 전투력의 질적 측면뿐만 아니라 수적 측면에서도 결코 열세가 아니었다.

한산해전이 벌어지기 하루 전인 1592년 7월 7일 저녁, 일본 함대가 견내량에 정박해 있다는 정보를 입수한 이순신은 밤새워 작전 계획 수립에 몰두한다. 이때 중요하게 고려한 요소가 일본 함선에 타고 있는 병사들까지 모두 전멸시켜야 한다는 것이었다. 평소 일본 수군들은 해전을 벌이다가도 불리하면 해안에 배를 대고 육지로 도망가곤 했기 때문에 조선 수군은 빈 배만 격파하고 마는 경우가 잦았다. 장계를 확인해보자.

"견내량은 지형이 매우 좁고 또 암초가 많아서 판옥선끼리는 서로 부딪히게 되어 싸우기가 곤란할 뿐만 아니라 형세가 불리해진 적이 기슭을 타고 육지로 올라갈 우려가 있었습니다. 그러므로 한산도 바다 가운데로 유인하여 모조리 잡아버릴 계획을 세웠습니다. 한산도는 거제와 고성 사이에 있어 사방에 헤엄쳐 나갈 길이 없고, 적이 비록 육지로 오르더라도 틀림없이 굶어 죽게 될 것이므로……. (후략)"

한산해전은 정확히 이순신이 머릿속에 그렸던 작전 계획대로 진행되었다. 이순신은 먼저 판옥선 대여섯 척을 투입하여 한산도 앞 넓은 바다로 일본 함대를 유인했다. 유인술에 빠진 일본 함대가 추격해오자 기다리고 있던 조선의 주력 함대는 학익진을 펼쳐 선두의 두세 척을 순식간에 격파했다. 사기가 떨어진 일본 함대가 도망가기 시작하자 마지막으로 조선 함대가 일제히 돌진하여 각개 격파했다. 해전 결과 조선 함대는 단 한 척도 함선 피해가 없었던 반면, 일본 함대는 73척 중 47척이 격파되고, 12척이 나포되었다. 도망치는 데 성공한 일본 함선은 대선 1척, 중선 7척, 소선 6척 도합 14척에 불과했다. 전멸이나 다름없는 패배였다. 이순신이 예측한 대로 해전이 벌어지는 와중에 400여 명의 일본 수군이 한산도에 배를 대고 뭍으로 도망쳤지만 섬에는 먹을 것이 없으니 걱정할 필요가 없었다.

당항포해전과 마찬가지로 한산해전 또한 이겨놓고 싸운 대표적 해전이다. 널리 알려진 것처럼 한산해전 또한 열세하거나 불리한 해전이 아니었다.

이순신의 수군 전략 ❶
"남해 해로를 차단하라"

성공한 군의 전략은 위기 상황에서 나라를 구해낸다. 만약 조선이 고려 때처럼 바다를 건너오는 왜구가 육지에 상륙할 때까지 기다렸다가 지상전으로 격파하는 육전주의 전략을 채택했다면 임진왜란을 극복하기 어려웠을 것이다. 천만다행으로 조선은 건국 초기부터 왜구를 방어하는 전략으로 해전주의 전략을 채택하고 해전을 전문으로 하는 수군을 두고 있었다.

조선 수군은 왜구의 침략에 대응하는 과정을 통해 꾸준히 발전을 거듭해왔다. 임진왜란 당시 주력 무기였던 총통류는 고려 말 왜구에 대비해 만들었던 화포가 발전한 것이며, 주력 함선이었던 판옥선 또한 왜구의 해전 전술인 등선백병전에 대응하기 위해 만들어진 '왜구 대비용 맞춤형 함선'이었다. 그리고 이 대형 화약무기류와 판옥선은 임진왜란 해전에서 그 진가를 유감없이 발휘했다. 왜구에 대비하여 정비된 조선의 해전주의 전략은 적어도 임진왜란을 전후한 시기까지는 조선의 군사전략 가운데 가장 성공한 전략 중 하나이다.

그렇다면 이순신은 어떤 수군 전략으로 침략자 일본군에 맞섰을까. 가장 눈에 띄는 것이 한산도에 삼도 수군의 전진기지를 설치해놓고 남해의 바닷길을 차단한 '남해 해로 차단 전략'이다. 경상도가 일본군에게 점령당한 상태에서 최후로 남은 보루가 호남이라고 생각한 이순신은 본영인 여수에서 멀리 떨어진 한산도 부근 해상에서 일본 수군의 서진西進 차단 작전을 적극적으로 수행했다. 호남을 지키려면 경상도 해역에서 해로를 차단해야 효과적이라고 생각한 것이다.

1593년 2월에는 일곱 차례에 걸쳐 웅포의 일본군을 공략하며 거제도와 가덕도 사이의 해역까지 진출했다. 그러나 6월, 평양에서 패퇴한 일본군이 진주성을 대대적으로 공략할 즈음부터 일본 수군은 거제도 동북쪽의 송진포와 칠천량까지 진출하여 남해의 해로를 넘보고 있었다. 일촉즉발의 상황에서도 이순신은 해로를 차단할 수 있다는 자신감을 피력하고 있다. 일기에 "수로水路의 적이 비록 500~600척을 합해 쳐들어오더라도 우리 군사를 당해낼 수 없을 것"이라고 쓰기도 했다. 일본군은 진주성을 무너뜨린 이후에도 계속해서 견내량을 넘보았다. 7월 초에는 일본 함선 두 척이 견내량을 넘어왔으며, 견내량 쪽 육지에는 수만 명의 일본 지상군이 해안가에 모여들어 무력을 과시하기도 했다. 그러나 이순신은 견내량을 분계선으로 삼아 일본 수군의 서진을 용납하지 않았다. 일본군이 6월 말 진주성을 떨어뜨렸음에도 불구하고 내처 호남을 침범하지 못한 것은 조선 수군이 한산도 인근에 주둔하면서 후방을 위협하고 있었기 때문이었다.

7월 15일, 이순신은 드디어 경상도 해역 깊숙이 위치한 한산도에 삼도 수군의 전진기지를 설치한다. 그러고는 남해 해로의 두 길목인 견내량과 옥포 외해 쪽의 해로를 차단하는 '남해 해로 차단 전략'을 수행한다. 그 과정에서 고성의 당항포나 진해만에 출현하는 일본 수군을 적극적으로 공략했다. 1594년 3월에는 당항포에서 일본 함대 21척을 색출하여 모조리 격파했으며, 9월 말과 10월 초에는 지상군과 합동으로 거제도 장문포에 왜성을 쌓고 웅거하고 있는 일본군과 육 · 해상에서 공방전을 벌이기도 했다.

그렇다면 한산도에 전진기지를 설치하고 남해 해로 차단 전략을 수행하고 있었던 조선 수군은 일본의 조선 침략 전략에 어떤 영향을 끼쳤을까. 조선 수군에 의해 남해 해로를 통한 보급로가 원천 봉쇄된 일본군은 호남을 비롯하여 조선 내륙 깊숙이 공략해 들어갈 엄두를 내지 못했다. 보급로가 길어지면 바다와 강에 의존할 수밖에 없는데 생명줄과도 같은 남해 해로를 조선 수군이 장악하고 있었기 때문에 사실상 장기전을 수행할 수 없게 된 것이다. 한마디로 한산도에 조선 수군이 존재한다는 사실만으로 일본군은 행동의 자유권을 박탈당했다.

1596년 12월 조정에서는 이순신에게 가토 기요마사가 바다를 건너온다는 정보와 함께 공격 지시를 내렸다. 그러나 거짓 정보일 가능성이 높다고 판단한 이순신은 이에 따르지 않았으며, 남해 해로 차단 전략에 기초한 해상 작전을 강행했다. 결국 이순신은 1597년 2월 통제사에서 파직된다. 새로 통제사가 된 원균은 비록 우여곡절이 있었지만 결국은 조정의 지시대로 남해 해로 차단 전략을 포기하고 부산포 앞바다까지 진출하여 대마도에서 건너오는 일본 함대와 해전을 시도하는 작전을 수행하던 도중, 칠천량에서 전멸에 가까운 패배를 당했다. 다시 통제사에 임명된 이순신에게 조정에서는 해전을 포기하고 육지에서 싸우라는 지시를 내린다. 통제영에 남은 함선이라곤 고작 10여 척에 불과했기 때문이었다. 그러나 이순신은 다음과 같은 장계를 조정에 보낸다.

"임진년부터 5, 6년 동안 적이 감히 충청도, 전라도를 바로 찌르지 못한 것은 우리 수군이 그 길목을 누르고 있었기 때문입니다. 이제 신에게는 아직도 열두 척의 전선이 남아 있으니 죽을힘을 다하여 싸우면 오히려 할 수 있는 일입니다. 이제 수군을 전폐한다는 것은 적이 만번 다행으로 여기는 일일뿐더러 충청도를 거쳐 한강까지 올라갈 것이므로 그것이 신이 걱정하는 바입니다."

이 장계에서 이순신은 임진년(1592)부터 정유년(1597) 초까지 조선 수군이 한산도에서 남해 해로 차단 전략을 수행한 것이 얼마나 중요했었는지를 강조하고 있다. 조정에 대한 일종의 질책성 장계이다. 아울러 당시 상황에서도 수군의 가장 중요한 역할은 남해에서 서해로 이어지는 해로를 차단하는 것임을 역설하고 있다. 한산도에 진을 치고 있었던 조선 수군이 건재했다면 정유재란은 일본군이 원하는 방식대로 진행되지는 않았을 것이다. 칠천량해전의 패배는 이순신이 선택한 남해 해로 차단 전략이 얼마나 정당한 것이었는지를 반증해주었다. 패배를 겪고 깨우친 쓰라린 교훈이었다.

이순신의 수군 전략 ❷

"수륙병진 후 부산 앞바다를 가로막아야 한다"

임진왜란 전 기간 중 이순신이 일본군의 침략 거점인 부산포를 마음 놓고 공격한 것은 임진년 4차 출동 때가 처음이자 마지막이었다. 임진왜란 발발 시점부터 그 다음해 6월 이전까지 거제도에서부터 부산포에 이르는 남해 연안의 해로 주변에 일본군의 병력이 그다지 많이 배치되어 있지 않았으며 또한 한산해전 패배 이후 일본 수군은 조선 수군과의 해전을 회피하고 있었기 때문이다.

평양까지 진출했던 일본군은 평양성전투에서 패배하고 조선 수군의 남해 해로 차단 전략으로 보급로마저 원천 봉쇄되자 1593년 4월 중순경부터 남해 연안으로 전면 철수한다. 조선 조정에서는 이순신에게 후퇴하는 일본군의 퇴로를 차단하여 섬멸하라는 명령을 내린다. 이른바 '일본군 퇴로 차단 전략'이다. 다음은 이순신이 그해 1월에 받은 임금의 지시이다.

"이번에 명나라 군사들이 이미 평양을 수복하고 이긴 기세로

휘몰아가니, 아직 숨이 붙어 있는 흉적들이 서로 뒤이어 도망가고 한성의 적들도 반드시 도망쳐 돌아갈 것이다. 그대는 수군들을 모두 거느리고 합세하여 쳐 무찔러서 한 척의 배도 돌아가지 못하게 하라."

이 명령에 따라 이순신은 2월에 경상우수영, 전라우수영 함대와 함께 출동하여 웅천에 이르렀는데, 수많은 일본군들이 포구 깊숙이 배를 감추고 포진해 있었다. 웅천은 부산으로 가기 위해서는 반드시 통과해야 하는 물목이었다. 웅천의 일본군을 섬멸하지 않고 부산포로 진격했다가는 자칫 퇴로를 차단당하고 앞뒤로 포위당할 수도 있었다. 이렇게 되자 웅천의 적을 토벌하는 것이 급선무가 됐다.

이순신은 2월부터 약 한 달 동안 칠천량과 가덕도 앞 바다를 왕래하면서 웅천의 적을 공략했다. 그러나 조선 수군의 위용에 겁을 먹은 일본군은 포구에 틀어박혀 좀처럼 넓은 바다로 나오지 않았다. 이제 남은 것은 육지 쪽에서도 동시에 공격하여 일본군을 바다로 내몬 다음 해전을 통해 섬멸하는 방법밖에 없었다. 이순신은 급히 경상우도순찰사에게 공문을 보냈다. 장계를 확인해보자.

"이 긴요한 목(웅천)을 지키는 적을 섬멸하고 그 다음에 양산과 김해의 길을 막아서 우리 뒤를 둘러쌀 염려가 없게 한 후에 차츰 부산으로 진격하여 도망치는 적을 막고 섬멸해야 될 것이므로 수륙으로 합공하려고 '급히 여러 장수들에게 명하여 병마를 거느리고 곧장 웅천을 공격하도록' 경상우도순찰사에게 공문을 보내어 재촉하였습니다." 이른바 '수륙병진 후 퇴로 차단 전략'이다. 부산으로 가는 물목인 웅천을 지키는 일본군을 수군과 지상군이 합세하여 격파한 뒤에 비로소 부산으로 가서 일본군의 퇴로를 차단하자는 것이다.

이순신은 먼저 수군 단독으로 2월 12일, 18일, 20일 세 차례 공격을 가했다. 많은 전과를 올렸지만 포구 깊숙이 공격해 들어갈 수가 없었기 때문에 일본군을 모조리 섬멸하는 것은 불가능했다. 이순신은 재차 경상우도순찰사에게 지상군 투입을 요청했다. 그러나 순찰사의 답변은 '곽재우를 시켜 창원의 적을 무찌른 다음에 웅천으로 진격한다'는 것이었다. 사실상 실현 가능성이 없는 일이었다. 마음이 다급해진 이순신은 2월 22일 날랜 병사를 선발하여 10여 척의 함선에 태우고 수군 단독으로 안골포와 제포에 상륙 작전을 전개하기도 했다. 그러나 이 또한 치명타를 입히기에는 역부족이었다. 이후 조선 수군은 2월 28일과 3월 6일 두 차례에 걸친 공격을 포함해서 총 일곱 차례의 해전을 끝으로 한 달에 걸친 웅천 공략 작전을 종료했다.

그런데 일본군이 한성을 포기하고 남하하는 6월경부터는 상황이 바뀌었다. 남해 연안으로 몰려든 일본군들이 부산포에서부터 거제도 동북쪽의 송진포, 칠천량까지 진출하여 왜성을 쌓고 웅거했기 때문이다. 이제는 웅천을 지나 부산으로 나아간다는 것은 거의 불가능해졌다. 이순신은 조정에서 지시한 일본군의 퇴로를 차단하는 전략을 포기하고 한산도에서 남해 해로 차단 전략을 수행했으며, 이에 기초한 해상 작전은 통제사에서 파직되는 1597년 2월까지 지속된다.

명나라와 일본 사이에 강화 협상이 지속되었기 때문에 1596년 8월까지는 전쟁도 소강상태가 되었다. 그러다 1596년 9월, 4년여에 걸친 강화 협상이 결렬되었으며 일본군이 대대적으로 재침해오리라는 조짐이 곳곳에서 감지되었다. 이제는 퇴로 차단이 문제가 아니라 어떻게 하면 재침해올 일본군의 부산 상륙을 저지할 것인가가 지상과제였다. 이와 연계하여 조정에서는 재침하는 일본군을 바다에서 격퇴하기 위해서는 한산도보다는 거제도를 점령하여 전진기지로 삼아야 한다는 건의가 나왔고, 윤근수나 김응함은 원균을 경상도통제사로 삼자고 주장하기도 했다. 부산 앞바다까지 나아가려면 웅천이나 가덕도 등에 포진해 있는 적들을 수륙병진으로 섬멸한 뒤라야 가능하다고 신중론을 펴왔던 이순신의 입지가 점차 좁아지고 있었다.

그러던 차에 1597년 1월 22일, 가토 기요마사가 150여 척을 이끌고 서생포에 상륙했다는 장계가 경상도 위무사 황신으로부터 올라왔다. 조정에서는 이미 이순신에게 가토 기요마사가 바다를 건너올 것이라는 정보를 비밀리에 주고 요격하게 했지만 거짓 정보일 가능성이 높다고 판단한 이순신은 따르지 않은 터였다. 화가 머리끝까지 난 선조는 1월 27일 어전회의에서 "지금 가토 기요마사의 목을 베어오더라도 이순신의 죄는 결코 용서할 수 없다"고 선언했으며, 2월 초 이순신은 결국 통제사에서 파직된다.

새로 통제사에 임명된 원균 또한 이순신과 똑같이 수륙병진 후에야 부산 앞바다로 나아갈 수 있다고 주장했지만 조정과 도원수 권율의 강압적 지시에 굴복하여 웅천이나 가덕도의 일본군을 그대로 둔 채 부산 앞바다로 나아갔다. 결과는 칠천량에서의 궤멸이었다. 칠천량해전은 잘못된 전략의 선택이 얼마나 뼈아픈 결과를 초래하는지를 보여주는 상징적 해전이다.

이순신의 수군 전략 ❸

"서해 해로를 차단하라"

● 조선 수군이 칠천량에서 전멸에 가깝게 패배하자 이순신의 수륙병진 전략이 옳았음이 입증되었다. 또한 수군이 패배하면서 호남이 무너졌으니 조선 수군이 한산도에서 남해 해로 차단 전략을 수행했던 것이 얼마나 중요했는지가 증명되었다.

조선 수군이 궤멸되자 일본군은 좌군과 우군으로 나누어 호남을 공략했다. 좌군 4만 9,600명은 남해안을 따라 고성, 사천, 하동, 구례, 남원, 전주를 차례대로 공략했고, 우군 6만 4,300명은 거창, 안의, 진안을 거쳐 전주로 입성했다. 좌군 공격로에 있던 남원에서는 조 · 명 연합군 4천여 명이 필사적으로 대응하면서 4일이나 버텼지만 결국 8월 16일 무너졌다. 8월 19일에는 전주마저 무혈입성을 허용했다. 전주에서 합류한 일본 좌 · 우군은 다시 임무를 분담했다. 우군은 9월 3일 공주를 함락하고 전의, 천안을 거쳐 9월 7일 충청남도 직산까지 진출했으며, 좌군은 충청도까지 올라갔다가 다시 남하하여 정읍, 장성, 강진, 해남을 점령했다.

명량해전이 벌어지는 1597년 9월 16일은 호남이 일본의 좌군에 의해 완전히 장악된 시점이다. 그야말로 적진 깊숙이에서 해전이 벌어진 것이다. 칠천량해전 패배 뒤에 다시 삼도수군통제사에 임명된 이순신은 8월 18일 장흥 회령포에서 10여 척의 함선을 수습한다. 배설이 이끌고 도망해온 경상우수영 소속 함선들이 대부분이었다. 조정에서는 해전을 포기하고 육전에 종사하라는 지시를 내린다. 10여 척밖에 안 되는 함선을 가지고는 이순신도 어쩔 방도가 없을 것이라고 판단한 것이다.

이순신은 해로가 뚫리는 상황을 가장 크게 우려했다. 남해에서 서해로 이어지는 해로를 적에게 내준다면 바닷길을 통해 한강까지 보급로가 연결된다. 이렇게 수륙으로 공격을 받으면 조선은 더는 버틸 수 없는 최악의 상황에 처하게 될 것이다. 어떻게 해야 이 난국을 타개할 수 있을까. 어디서 막아야 일본 수군의 진격을 차단할 수 있을까.

회령포에서 이진으로, 어란포로, 진도의 벽파진으로 후퇴를 거듭하면서 이순신은 고민하고 또 고민했다. 그 결과 선택한 장소가 명량이었다. "한 사내가 길목을 지키면 천 사내라도 두렵게 할 수 있다"는 병법을 쓰려는 것이었다. 명량은 남해에서 서해로 들어가는 관문과 같은 지역이다. 평소의 이순신이라면 명량해전과 같은 절대 열세의 상황에서는 결단코 전투를 벌이지 않았을 것이다. 그렇다면 이순신은 무엇 때문에 13척의 보잘것 없는 세력으로 200~300여 척이나 되는 일본 함대와 무모한 해전을 벌였을까. 그것은 수군이 서해의 바닷길을 막을 수 있느냐 없느냐에 조선의 운명이 달렸다고 생각했기 때문이다. 그야말로 명량해전은 서해 해로 차단을 위한 운명의 한판 승부였다. 그래서 이순신은 부하 장병들을 모아놓고 비록 승리를 장담할 수는 없지만 죽기를 각오하고 싸우자고 독려했던 것이다.

하늘이 도왔는지 이순신은 본인 스스로 천행이라고 고백한 것처럼 기적과 같은 승리를 일궈냈다. 전투 결과 조선 수군은 단 한 척의 피해도 없었던 반면에 일본 수군은 명량해전에 투입된 133척 가운데 전투에 직접 참가한 31척이 모두 격파되었다. 어느새 날도 저물고 조류의 방향도 바뀌자 일본 수군은 더 이상의 싸움을 포기하고 어란포 쪽으로 퇴각했다.

이후 조선 수군과 일본 수군의 행적을 보자. 조선 수군은 승리했으니 명량에 머무르면서 서해의 물목을 지키고, 일본 수군은 패배했으니 해전을 포기하고 물러났을까. 그렇지가 않았다. 조선 수군은 해전에서 승리했음에도 불구하고 전투 종료 후 즉시 뱃머리를 돌려 서해를 따라 북쪽으로 올라갔다. 하루 종일 교전하면서 장군전, 철환, 화살 등 거의 대부분의 무기를 소진하여 전투력이 현저히 약화되었기 때문이다. 또한 31척이 격파되었지만 여전히 170~270여 척의 함선이 건재한 일본 수군이 추격해올 것이 분명했다. 함대 보존을 위해 조선 수군은 작전상 후퇴할 수밖에 없었다.

조선 수군은 명량해전 당일 당사도로 진을 옮기고, 9월 17일 어외도, 19일 홍농 앞바다, 20일 위도를 지나 21일 고군산도에 도착했다. 추격해온 일본 수군은 9월 20일경 전라우수영을 접수했고, 이어서 무안까지 진출했다. 그러고는 법성포 남쪽의 바다와 섬, 육지를 휩쓸며 대대적인 살육과 방화, 포로잡이 등에 몰두했다.

널리 알려진 것처럼 명량해전의 승리로 조선 수군이 곧바로 서해의 물목을 차단했다는 것은 사실이 아니다. 명량해전에서 31척의 함선이 격파되었음에도 불구하고 서남해안의 제해권을 일시적으로 장악한 것은 오히려 일본 수군이었다.

일본 수군은 대략 9월 20일부터 10월 1일경까지 무안 등에 전진기지를 설치하고 온갖 만행을 저지르다, 명나라 수군이 파병된다는 정보를 입수한 데다 일본 지상군이 직산전투에서 패배했기 때문에 수륙으로 호남을 공략하려던 당초의 목표를 포기하고 순천 동쪽의 남해 연안으로 전면 철수할 수밖에 없었던 것이다. 이순신의 함대는 일본군의 철수를 확인하고 10월 3일 고군산도를 출발, 법성포와 위도를 지나 10월 9일 전라우수영으로 돌아온다. 22일 만의 귀환이었다. 이순신은 이후 조선 수군의 재건 작업에 본격 착수한다.

명량해전의 승리는 첫째, 조선 수군의 건재함을 대내외에 널리 알렸다는 것 둘째, 조선 수군을 재건할 수 있는 자신감과 토대를 마련할 수 있었다는 것 셋째, 서해의 바닷길을 차단함으로써 수륙으로 호남을 공략하려던 일본의 침략 전략을 원천적으로 무력화했다는 것으로 그 의의를 요약할 수 있다.

이순신의 해전 전술 ❶

총통 포격 전술을 구사하는 첨단 수군

임진왜란 당시 일본군의 상징은 조총이었다. 우리에게 임진왜란은 신식 화약무기인 조총으로 무장한 일본군에게 재래식 무기인 활과 창으로 대항해야 하는 조선군이 곤욕을 치른 전쟁으로 각인되어 있다. 그러나 이러한 인식은 지상군의 경우에는 어느 정도 통하지만 수군의 경우에는 적용되지 않는다.

고려 수군을 계승한 조선 수군은 왜구의 잦은 침략에 맞서며 지속적으로 발전했다. 임진왜란이 벌어진 1500년대만 하더라도 1510년 삼포왜변, 1555년 을묘왜변이 있었으며 왜란 발발 5년 전인 1587년에는 정해왜변이 있었다. 조선 수군은 임진왜란 이전에 어떤 전술을 사용하였을까. 을묘왜변이 있었던 명종 10년(1555) 7월의 《조선왕조실록》에 해전 전술에 관한 자료가 있다. "전라도 관찰사 김주가 장계를 올렸다. '왜변이 창궐하여 화가 극심합니다. 적선을 깨뜨리는 기구로는 대장군전大將軍箭보다 나은 것이 없으나 총통을 주조할 놋쇠를 준비할 방법이 없어서 이준경이 여러 사찰의 종을 거두어 총통을 주조하려 하였습니다.'" 이 기록에 따르면 임진왜란 발발 37년 전쯤에 조선 수군은 이미 왜구와의 해전에서 총통 포격 전술을 사용했다. 또한 해전에서 대장군전의 효용성이 입증됨에 따라 국가적 차원에서 총통 주조 사업이 대대적으로 전개되었다. 임진왜란 때 사용된 천자 · 지자 등의 대형 총통류는 대개 명종 10년에서 20년 사이에 만들어진 것이다.

판옥선에서는 총통 명중률이 문제가 되었기 때문에 이순신은 전라좌수사로 부임하자마자 새로 거북선을 건조했다. 근접해서 포격전을 벌여 총통의 명중률도 높이고, 일본 수군의 등선백병전으로부터 조선의 병사들도 보호하기 위해 고안한 것이다. 거북선은 근접 총통 포격용 돌격선이었다.

조선 수군의 해전 전술을 이야기할 때 범하는 오류 중 대표적인 것이 당파撞破전술이다. 이제까지 많은 사람들이 당파전술을 적선에 아군 함선을 부딪쳐 배를 부수는 충돌 전술로 이해해왔다. 다음은 옥포해전 뒤 이순신이 조정에 보낸 장계인데 거기서 쓰인 '당파'의 의미를 확인해보자.

"좌부장 낙안 군수 신호는 왜대선 한 척을 당파하고 ……(중략)…… 우부장 보성 군수 김득광은 왜대선 한 척을 당파했으며 ……(중략)…… 합해서 왜선 26척을 모두 총통으로 쏘아 맞혀 당파하고 불태우니[銃筒放中撞破焚滅] 넓은 바다에는 불꽃과 연기가 하늘을 덮었으며, 산으로 올라간 적도들은 숲속으로 숨어 엎드려 기운이 꺾이지 않은 놈이 없었습니다."

여기서 주목할 것이 '총통으로 쏘아 맞혀 당파하고 불태우니'라고 한 대목이다. 당파란 배끼리 서로 충돌한다는 뜻이 아님을 알 수 있다. 당파전술은 충돌 전술이 아니라 총통으로 대장군전, 장군전, 철환 등을 쏘아 격파하는 총통 포격 전술이었던 것이다.

당파전술이 충돌 전술이라는 주장의 배경은 두꺼운 소나무로 건조된 조선의 거북선이나 판옥선이 삼나무로 만들어진 일본의 아다케부네나 세키부네에 비해 견고했기 때문인 것으로 보인다. 기록에도 "조선 사람의 수전이 육전과는 크게 다르고, 배가 크고 빠를 뿐만 아니라 누각과 뱃전까지도 튼튼하고 두꺼워 총탄이 뚫고 들어가지 못하고, 우리 배가 부딪치면 모두 부서진다"고 하였으니 조선의 함선이 일본의 함선에 비해 견고하고 튼튼한 것은 사실이다. 그러나 위에서 확인한 것처럼 이순신이 장계에서 사용한 당파라는 용어는 '쳐부수다', '두드려 깨다', '격파하다'라는 의미였다. 그리고 '쳐부수고', '두드려 깨뜨리고', '격파'하는 주체는 함선 자체가 아니라 천자 · 지자 · 현자총통 등에서 발사한 대장군전 · 장군전 · 철환 등이었다.

이순신의 해전 전술 ❷

거북선은 근접 총통 포격용 돌격선

당파전술이 충돌 전술이 아니라 총통 포격 전술이었음을 앞서 언급했다. 충돌 전술을 이야기할 때 어김없이 등장하는 것이 거북선이다. 거북선의 용도가 돌격선이고, 해전이 벌어지면 가장 먼저 적의 지휘선을 향해 돌진하여 공격하는 역할을 수행하다 보니 그런 오해가 생겨난 것 같다.

과연 해전에서 거북선은 충돌 전술을 사용했을까. 거북선이 충돌 전술을 사용했다는 근거로 제기되는 자료는 임진년 제2차 출동 후에 올린 장계의 '당포파왜병장唐浦破倭兵狀'이라는 구절이다. "먼저 거북선으로 하여금 층루선 밑으로 곧바로 직충直衝하여 용의 입으로 현자철환을 치쏘게 하고 또 천자 · 지자총통과 대장군전을 쏘아 그 층루선을 당파하자, 뒤따르던 여러 전선들도 철환과 화살을 번갈아 쏘았습니다."

1세대 연구자인 이은상은 '직충'을 '돌진하다', '치고 들어가다' 등으로 해석했고 2세대 연구자인 조성도 또한 '근접하다',

'돌진하다'라는 뜻으로 해석했다. 그러나 일부에선 이를 잘못 번역한 것이라고 하여 '직충'을 '충돌하다', '들이받다'라는 뜻으로 보기도 한다. 만약 '직충'을 '충돌하다', '들이받다'로 해석할 경우 거북선의 해전 전술은 ① 거북선이 돌진하여 적선에 충돌하고 ② 다시 뒤로 빠져나와 용의 입에서 현자총통을 치쏘고 ③ 배를 돌려서 현측에 있는 천자 · 지자 등의 총통을 쏘아 적선을 격파하는 것으로 요약할 수 있다. 그러나 '직충'을 '돌진하다', '근접하다'라는 뜻으로 해석할 경우에는 ① 거북선이 적선 가까이 돌격하여 근접 거리에서 현자총통을 치쏘고 ② 배를 돌려 현측에 있는 천자 · 지자 등의 총통을 쏘아 격파하는 것으로 단순화된다. 이 경우 충돌하는 국면은 없어지고, 적선에 가까이 접근하여 먼저 선수에 있는 현자총통을 사용하여 격파 및 인명 살상 포격을 하고, 적선과 부딪히기 전에 선수를 틀어 다시 현측에 있는 천자 · 지자총통을 사용하여 본격적인 격파 사격을 하게 된다.

'직충'을 충돌이라고 해석하면 거북선이 적선에 충돌한 다음 다시 뒤로 빠져서 현자총통으로 철환을 쏘아야 하는 복잡하고도 위험한 국면이 전개된다. 거북선은 근접 총통 포격용으로 만들어졌다. 근접하면 일본 수군의 등선백병전에 당할 위험이 있기 때문에 거북 등 모양의 판자로 덮개를 씌운 것이다. 배와 배가 충돌하여 백병전으로 이어지는 건 조선 수군이 가장 피하고 싶은 상황이다. 요컨대 거북선은 근접 포격을 통해 총통의 명중률을 높이기 위한 목적으로 만들어진 근접 총통 포격용 돌격선이지 충돌용 돌격선이 아니라는 말이다.

다음은 이순신 스스로 거북선을 최초로 소개하는 장계이다. "앞에는 용머리를 붙여 그 입으로 대포를 쏘게 하고, 등에는 쇠못을 꽂았으며…… (중략)…… 비록 적선 수백 척이 있더라도 그 속으로 쉽게 돌입하여 포를 쏘게 되어 있으므로…… (중략)…… 먼저 거북선으로 하여금 적선 가운데로 돌진하여 천자 · 지자 · 현자 · 황자 등 각양 총통을 쏘게 하였습니다."

앞의 장계 내용은 제2차 출동 첫 번째 해전인 사천해전 상황인데, 이순신은 거북선의 역할이 적의 함대 속으로 돌진해 들어가 근접 거리에서 총통 포격을 하는 것임을 분명히 밝히고 있다. 거북선이 적선과 충돌한다는 설명은 그 어디에도 없다.

또한 '충衝'은 흔히 '충돌하다', '부딪치다'라는 의미라고 알려져 있지만 '찌르다', '향하다', '돌진하다'라는 뜻도 있다. 오히려 '찌르다', '향하다'란 뜻이 '충돌하다'란 뜻보다도 우선된다. 따라서 장계에 보이는 '직충'은 조선 수군의 해전 전술에 비추어볼 때 '향하다', '돌진하다', '근접하다' 등의 의미로 해석하는 것이 타당하다.

앞서도 언급했지만 거북선이 참전한 경우 조선 수군의 해전 전술은 1단계 거북선의 돌격과 판옥선의 협공에 의한 일본 지휘선 격파 및 지휘관 사살, 2단계 판옥선과 거북선의 총통 공격에 의한 격파, 3단계 활과 소형 화약무기에 의한 사살, 4단계 화공을 통한 분멸이라는 순서로 진행된다. 여기에도 충돌 전술은 없다. 이순신이 벌인 해전의 전과를 분석해보면 천자 · 지자 등의 총통에 의한 격파, 나포, 활에 의한 사살 그리고 화공에 의한 분멸이 주류를 이룬다. 충돌로 인한 전과 또한 보이지 않는다.

총통 포격 전술과 더불어 조선 수군의 해전 전술에서 주목해야 할 부분이 활에 의한 공격이다. 조선 수군의 장수들과 사부들의 활 쏘는 실력은 타의 추종을 불허했다. 당항포해전에서는 일본 지휘선인 층루선이 거북선 공격을 받아 손상되고 거기 타고 있던 일본 장수가 활 공격을 집중적으로 받고 사살된다. 대개 천자 · 지자 등의 총통 공격 다음에는 활에 의한 공격이 시작되는데 해전에서 활의 전투력은 조총을 능가하는 것이었다.

그 다음으로 주목해야 할 전술이 화공으로 적선을 불태우는 분멸焚滅이다. 이순신의 장계를 보면 첫 해전인 옥포해전에서도 조우한 26척을 모조리 '총통으로 쏘아 맞혀 당파하고 불태웠다[銃筒放中撞破焚滅]'라고 되어 있고, 두 번째 해전인 합포해전에서도 조우한 일본 대 · 소선 5척을 '남김없이 당파하고 불태웠다[無遺撞破焚滅]'라고 기록되었다. 당항포해전에서는 거북선이 층루선을 향해 돌진하여 총통을 쏘아 누각을 격파하자 뒤따르던 여러 배에서 불화살을 쏘아 비단 휘장과 돛을 불태우는 장면이 소개되고 있다. 뿐만 아니라 명량해전이나 노량해전에서도 바람을 이용한 화공이 보편적인 해전 전술로 사용되었다. 화공 부분에 대해서는 좀 더 심층적인 연구가 필요하다.

임진왜란 시기는 재래식 무기에서 화약무기로 교체되는 전쟁사상 일대 전환의 시대였다. 이순신은 첨단 전술인 총통 포격 전술과 재래식 전술인 활에 의한 공격 그리고 화공술을 적절히 조화시켜 조선 수군을 당대 최고의 전투력을 지닌 막강 조선 수군으로 변모시켜놓았던 것이다.

조선은 수군 강국이었다 ❶

첨단 전술의 조선과 재래식 전술의 일본

해전에서 승리하려면 하드웨어적 전투력 요소와 소프트웨어적 전투력 요소의 합이 적보다 우위에 있어야 한다. 수군의 경우 하드웨어적 전투력 요소는 병력, 무기 체계, 함선 등이며, 소프트웨어적 전투력 요소에는 전략, 전술, 리더십 등이 포함된다. 하드웨어적 전투력 요소는 아무리 적게 잡아도 전쟁 승패의 50퍼센트 이상을 차지하는데 그것은 임진왜란 당시나 오늘날의 전쟁이나 미래의 전쟁이나 마찬가지라고 할 수 있다. 무기 체계의 질적 차이가 현저하면 운용하는 사람의 자질이 아무리 뛰어나더라도 그 차이를 극복할 수가 없다. 이것이 상식이다.

그런데도 이제까지 우리는 임진왜란 해전의 승리를 이야기하면서 하드웨어 요소는 도외시하고 주로 위대한 리더 이순신의 개인적 역량, 이른바 소프트웨어 요소에만 의존한 감이 없지 않다. 그러다 보니 임진왜란 해전의 승리와 관련해서도 설화나 소설 등 합리성이 결여된 자료들과 역사적 사실들이 한데 뒤섞여 있다.

대표적인 사례가 명량해전 철쇄 설치설이다. 명량의 좁은 물목에 철쇄를 설치하여 일본 함선이 걸려 넘어지게 해서 승리했다는 철쇄 설치설은, 이런 묘책은 아무나 낼 수 있는 것이 아니라 이순신이기 때문에 가능했다는 이순신 역량론과 맥이 닿아 있다. 그런데 대부분의 이순신 전문가들은 이것이 후대에 만들어진 설화이지 역사적 사실이 아니라는 데 동의한다. 사실 13척밖에 안 되는 함선으로 133척의 적 함대와 싸워 이긴 명량해전의 승리 요인은 간단히 요약할 수 없다. 필자의 관점에서 명량해전의 승리는 판옥선의 막강한 전투력, 명량의 좁은 물목을 해전 장소로 택한 이순신의 뛰어난 전략전술, 병사들로 하여금 죽기를 각오하고 싸우게 만든 이순신의 탁월한 리더십 등이 복합적으로 작용한 결과이다.

불가사의한 해전으로 알려진 명량해전의 승리를 설명하는 데에도 하드웨어적 요소인 판옥선의 막강한 전투력과 소프트웨어적 요소인 이순신의 전략전술과 리더십 역량 등이 함께 고려되어야 하니, 그 이외의 해전은 말할 것도 없다. 한마디로 임진왜란과 정유재란 기간 동안 이순신이 지휘하는 조선 수군이 해전에서 거둔 전승무패의 승리는 첨단 조선 수군과 위대한 리더 이순신의 합작품이라고 보아야 한다.

임진왜란 당시 조선 수군은 당시로서는 첨단 해전 전술인 함포 포격 전술을 구사하고 있었다. 동아시아 삼국 가운데 함포 포격 전술을 조선 수군만큼 완벽하게 구사하는 나라는 없었다. 지상전에서는 일본군의 조총에 조선의 육군이 곤욕을 치렀지만 해전에서는 정반대로 천자 · 지자 · 현자 · 황자총통으로 대표되는 조선 수군의 함포 공격에 일본 수군이 일방적으로 당하는 양상이 전개되었다. 조선 수군이 고려 수군을 계승하여 꾸준히 함포 포격 전술을 숙달시켜온 데 반해 일본 수군은 여전히 재래식 해전 전술인 접전, 이른바 등선백병전 또는 등선 육박 전술登船肉薄戰術에만 의지하고 있었기 때문이다. 원거리에서는 활이나 조총을 쏘며 접근하다가 근접해서는 사다리 등을 이용하여 적군의 배에 올라가 백병전을 벌여 제압하는 전술이 등선백병전이다. 이는 함포가 운용되기 이전에는 동서양을 막론하고 보편적으로 구사되는 해전 전술이었다. 조 · 중 · 일 삼국 가운데 백병전에 가장 능한 나라는 일본이었으며 조선을 침략할 당시에도 일본 수군은 여전히 자신들의 장기인 등선백병전을 고집하고 있었다. 이렇게 볼 때 임진왜란 해전은 첨단 전술인 함포 포격 전술을 구사하는 조선 수군과 재래식 해전 전술을 사용하는 일본 수군과의 한판 승부였으며, 그 결과는 조선 수군의 완전한 승리로 귀결되었다.

조선은 수군 강국이었다 ❷

세계적 수준의 수군력

임진왜란은 조선이 일본의 침략을 예측하지 못하고 아무런 준비 없이 당한 전란이라는 시각도 어느 정도 일리가 있지만 수군에 관한 한 사실이 아니다. 수군은 조선 건국 이후 200여 년 동안 일본의 침략에 대비해서 착실한 준비를 해왔으며, 임진왜란 당시에는 함포 중심의 막강한 전투력을 보유한 첨단 수군으로 발전해 있었다. 이런 철저한 준비가 있었기 때문에 조선 수군은 옥포해전의 승리를 필두로 임진왜란 해전에서 그 실력을 유감없이 발휘할 수 있었던 것이다.

그러나 똑같은 첨단 수군을 지휘했는데도 이순신이 지휘했을 때는 전승무패의 신화를 창출한 반면 원균이 지휘했을 때는 칠천량에서 전멸에 가까운 패배를 당했다는 사실은 하드웨어적 요소뿐만이 아니라 리더의 군사적 전문성이나 리더십 같은 소프트웨어적 요소도 매우 중요하다는 사실을 보여준다.

조선 수군이 첨단 수군으로 발전할 수 있었던 바탕은 고려 말에 이미 다져졌다. 고려 때까지만 하더라도 바다를 건너 침략해 오는 왜구를 방어하는 전략은 주로 육전주의陸戰主義 전략이었다. 왜구가 일단 육지에 상륙할 때까지 기다렸다가 지상전을 벌여 격멸하는 것이다. 그러다 보니 우리 땅이 온통 전쟁터가 되었으며 피해는 고스란히 우리 백성들에게 돌아갔다. 이런 식으로는 왜구를 막아낼 수 없었다.

그러다가 육전주의 전략에서 해전주의海戰主義 전략으로 발상의 전환이 이루어졌다. 바다로 쳐들어오는 적을 육지에 상륙하기 전에 바다에서 격퇴하는 것이 효율적이라는 판단이 나온 것이다. 고려를 이은 조선은 건국 초기부터 해전을 전문으로 하는 수군을 창설하여 운용했다. 결과론적인 얘기지만 조선이 해전주의 전략을 채택하고 수군을 둔 것은 탁월한 선택이었다. 명나라의 지원과 같은 외부 요인을 배제한 채 조선이 임진왜란과 정유재란을 극복할 수 있었던 이유를 분석해보면 수군의 역할이 컸다는 점을 새삼 확인할 수 있다. 임진왜란 발발 당시 조선의 수군은 신예 함선인 판옥선과 함포를 보유한 첨단 수군이었다. 당시 동서양을 통틀어 조선만큼 함포 포격 전술을 능숙하게 구사하는 나라는 없었다.

고려 말 국방 책임자들은 잦은 왜구의 침략에 골머리를 앓고 있었다. 고려가 멸망하기 전 40여 년 동안 약 500여 차례에 걸쳐 왜구가 침략해왔다. 그만큼 왜구를 격퇴하는 문제는 고려 국방에서 가장 절박한 과제였다. 널리 알려진 것처럼 최무선 장군이 화약을 만들려고 그토록 노력했던 이유도 왜구 때문이었다. 화약과 화포를 만들어낸 고려는 이것을 바로 함선에 배치했다. 그리고 이 화포는 왜구 섬멸전에서 위력을 발휘했다.

고려 우왕 6년(1380) 8월 나세, 심덕부, 최무선 등의 장수들은 전선 100여 척을 이끌고 가서 진포구(현재의 금강 어귀)에 정박해 있던 왜구의 선박 500여 척을 화포로 불태운다. 진포해전은 세계 해전사상 함포를 사용한 최초의 해전이다. 다시 3년 뒤인 우왕 9년(1383) 5월 정지 장군은 전선 47척을 이끌고 왜선 120여 척을 추격하여 남해 관음포에서 화약무기를 활용하여 격퇴한다. 이른바 관음포해전이다. 《함포 사격의 역사》라는 일본 서적에는 영국 해군이 1410년에 함포를 가장 먼저 배에 실었다고 소개되어 있는데 우리나라는 이미 1380년에 함포를 사용해서 해전을 벌인 것이다. 이것으로 임진왜란 당시 조선 수군은 고려 말 이래 200여 년 동안 함포를 운용해온 노하우가 축적된 첨단 수군이었음이 확인된다.

조선 건국의 기틀을 다지는 태종 연간에 이르러 화약무기는 새로운 무기 체계로서의 위상을 가지게 된다. 화약무기를 전문으로 연구하고 제조하는 화약감조청火藥監造廳이 설치되고 여기서 만들어진 화약무기는 서북 방면 국경지대에 광범위하게 배치되었으니, 육전에서도 화약무기의 시대가 활짝 열렸다. 세종대에 화약무기는 또 한 번 비약적인 발전을 이룬다. 화포 공격을 전담하는 화포군火砲軍이 조직되었을 뿐만 아니라 화약 및 화기의 성능이 크게 개선되어 기존의 화포에 비해 파괴력 및 사정거리가 향상되었다.

조선조에 이르러서도 왜구의 침략은 끊이지 않았다. 중종 5년(1510)의 삼포왜란, 중종 39년(1544)의 사량진왜변, 명종 10년(1555)의 을묘왜변 등은 해전에서 대형 화약무기류가 얼마나 중요한 역할을 담당하는지 그 중요성을 각인시키는 동시에 조선 수군이 정예화하는 데 중요한 계기가 되었다. 특히 명종대에 이르러서는 대형 화약무기인 총통과 대장군전의 효용이 증명되었다. 대장군전은 천자총통에 사용하던 화살로, 총 길이 11척 9촌, 지름 5촌, 무게 50근에 이른다. 다음은 〈명종실록〉의 기록이다.

"전라도 감찰사 김주가 장계를 올렸다. ……(중략)…… 적선을 깨부수는 기구로는 대장군전보다 나은 것이 없으나 총통을 주조할 놋쇠를 준비할 방법이 없어서 이준경이 여러 사찰의 종을 거두어 총통을 주조하려 하였습니다."

여러 차례 왜변을 겪으면서 총통과 대장군전이 해전의 주력 무기로서 더욱 주목받게 된 것이다. 그러다 보니 총통의 수요가 급격히 늘어났으며 그 재료인 동철의 부족 사태가 빚어져, 심지어 사찰의 종을 거두어 총통을 주조하기에 이를 정도였다. 임진왜란 때 주력 무기로 사용되었던 천자 · 지자 · 현자 · 황자총통은 대개 명종 10년(1555) 이후부터 10여 년 동안 주조된 것이다.

무기만이 아니었다. 고려 수군을 계승한 조선 수군은 규모에서도 세계 최고 수준이었다. 고려 창왕 1년(1389) 2월에 박위 장군에 의해 최초의 쓰시마 정벌이 이루어지는데 이때 동원된 전투력은 함선이 대략 100여 척 이상, 병력은 1만여 명 내외이다. 조선이 세워진 이후에도 여전히 왜구의 침략이 지속되자 태조 5년(1396)에 조선 조정에서도 첫 번째 쓰시마 정벌을 추진했다. 동원된 함선의 척수와 병력은 자세히 알 수 없지만 정벌에는 약 2개월이 소요되었으며 어느 정도의 성과가 있었던 것으로 추정된다. 두 번째 쓰시마 정벌은 세종 1년(1419)에 단행되었다. 〈세종실록〉에 따르면 이때 함선 227척, 병력 1만 7,285명을 동원했고, 식량은 65일분을 준비했다고 한다. 이종무가 삼군도체찰사가 되어 지휘를 맡았다. 이 정벌군은 쓰시마에 도착하여 114명을 참수하고 포로로 21명을 잡았으며 가옥 1,939호를 불태웠다. 또한 선박 129척을 노획했고, 중국인 포로도 131명을 구출했다. 고려 말에서 조선 초기에 걸쳐 이루어진 세 차례의 쓰시마 정벌은 강력한 수군력이 없었다면 불가능한 것이었다.

조선의 수군 병력을 가늠할 수 있는 가장 중요한 자료는 세종 때 발간된 〈세종실록지리지〉와 성종 때 편찬된 《경국대전》이다. 〈세종실록지리지〉에 기록된 군선의 척수는 829척이고 병력은 5만 402명이다. 또한 《경국대전》에 기록된 군선의 척수는 739척이며 병력은 4만 8,800명이다. 이러한 기록으로 보아 조선 전기에 대략 5만 명 정도의 수군 병력을 유지하고 있었음을 알 수 있다. 이는 인구 약 5천만 명인 오늘날의 대한민국 해군 병력과 비슷한 규모이다. 결코 적은 병력이 아니었던 것이다.

임진왜란 발발 시기와 비슷한 1588년, 서양에서는 영국 해군이 칼레해전에서 스페인 무적함대를 격퇴하고 새로운 해양대국으로 등장했다. 칼레해전에 동원된 영국의 함선은 197척이고 병력은 1만 5천 명이었으며, 스페인 무적함대는 함선 130척에 병력 약 3만 명을 투입했다. 함선의 크기나 무기에 차이가 있어 서양과 조선의 수군력을 수평적으로 비교할 수는 없지만, 해전을 전문으로 하는 순수 수군 병력 5만 명 그리고 약 700척 내지 800척의 함선을 보유하고 있었던 조선은 동서양을 통틀어도 막강한 경쟁력을 지닌 수군 강국이었음이 분명하다.

조선은 수군 강국이었다 ❸

신예 함선 건조 사업

임진왜란이 발발한 1592년 7월, 한산해전에 참전한 삼도 수군의 함선은 58척이었다. 이 가운데 거북선이 3척이고 판옥선이 55척이다. 임진왜란 동안 보유하고 운용하던 거북선은 1592년에 3척, 1595년에 5척이었던 것으로 확인되지만 그 이후 전쟁이 종료될 때까지 몇 척이 더 건조되었는지는 정확히 알 수 없다. 그러므로 임진왜란 당시 조선 수군의 주력 함선을 거북선이 아닌 판옥선이라고 하는 것이다.

판옥선이 등장하기 전까지 조선은 맹선猛船 체제를 유지하고 있었다. 맹선에는 대맹선, 중맹선, 소맹선이 있는데 각각 80명, 60명, 30명이 승선할 수 있었다. 중종 대에 이르러 점차 속력이 빠른 소맹선이 함선 운용의 중심으로 자리잡아갔다. 다음은 당시 참찬관으로 있던 서후가 조강朝講에서 임금에게 건의한 내용이다.

"옛날부터 남방에 전함을 배치했는데, 지금은 대맹선을 쓸데 없다 하여 다 버리고 소선小船만 쓰고 있습니다. 소선이 다른 배를 추격하기에는 빠르지만 육박하여 싸우는 데는 적합하지 않으며 또 전사를 많이 태우지 못하고 적군이 기어오르기도 쉽습니다. 만일 한 명의 적이 칼을 빼어들고 돌입하면 용맹한 병사라도 당해낼 수 없습니다. 대함大艦은 높고 가팔라서 기어오르기는 어려운 반면 내려다보며 제어하기에는 편리합니다."

한마디로 왜적의 침략에 대비하려면 큰 배를 만들어야 한다는 건의이다. 이 기록은 중종 16년(1521) 5월의 〈중종실록〉에 실려 있으니 임진왜란 발발 71년 전의 일이다.

유사한 내용의 건의가 임진왜란 발발 48년 전인 중종 39년(1544) 9월의 〈중종실록〉에 다시 보인다. 이번엔 86세의 명신名臣 판중추부사 송흠의 상소 내용이다.

"듣건대 그(중국) 배는 단단하기가 여느 것과 달라서 사면에 모두 널빤지로 집을 만들고 또 가운데가 넓어서 100여 명이 들어갈 만하며 그 밖의 기계도 정비되지 않은 것이 하나도 없으므로 가는 데마다 대적할 자가 없고 싸우면 반드시 이긴다 합니다. 우리나라는 이것과 달라서 연변沿邊의 요해지에 전함이 별로 갖추어지지 않았고, 공사公私의 배가 많기는 하나 거의 다 좁고 사면이 다 허술하여 가려 막은 것이 없으며, 또 화포는 오래되고 화약의 힘은 효력이 없어 저 중국 사람의 화포에 비하면 참으로 아이들 장난입니다. ……(중략)…… 기계 가운데서도 전함은 더욱이 중요한데, 탈 만한 전함이 없다면 아무리 우수한 장수와 정예 병사가 있더라도 어떻게 적을 막겠습니까? ……(중략)…… 배를 만들 때에는 반드시 널빤지로 장벽을 만들어 모두 중국인의 배와 같이 해야 합니다. ……(중략)…… 우리나라 변방의 장수들은 적선 하나만 만나도 낭패하여 감히 대항하지 못하니, 만일 왜적이 자기 나라 배를 몽땅 거느리고 길을 나누어 침략해온다면 또한 장차 어떻게 감당해내겠습니까."

왜적의 침략에 대비하려면 중국의 배처럼 널빤지로 장벽을 두른 큰 배를 만들어야 한다는 주장이다. 이런 계속적인 논의를 거쳐 드디어 명종 10년(1555) 9월 판옥선 시제품이 만들어졌다. 임진왜란 발발 37년 전의 일이다. 이후 10여 년 동안 대대적으로 건조되어 대충 임진왜란 발발 27년 전까지 조선의 주력 함선은 맹선에서 판옥선으로 교체 완료되었다.

판옥선이 만들어지게 된 건 첫째로 일본의 배보다 큰 함선이 필요했기 때문이고, 둘째로 중국의 배처럼 널빤지로 장벽을 둘러 적군이 쉽게 기어오르지 못하는 배가 있어야 했기 때문이다. 이런 함선이 필요해진 것은 왜구의 해전 전술 때문이었다. 조선 수군은 왜구가 출현하면 총통과 활을 쏘면서 공격하는데, 왜구가 쏜살같이 접근해서 배에 기어올라 백병전을 벌이면 칼싸움에 능한 그들을 당해낼 수가 없었다. 따라서 왜구와의 해전에서 우위를 점하려면 사방을 널빤지로 둘러싼 큰 배가 필요했다. 큰 배가 만들어진다면 왜구는 마치 성 아래에서 성 위로 기어오르는 형세가 되어 백병전을 미처 펼쳐보기도 전에 일방적으로 공격을 당하고 말 것이었다.

판옥선은 선체 위에 하부보다 폭이 넓은 집 모양의 상장上粧 구조물을 설치해서 그 사이로 노를 내밀어 저을 수 있도록 되어 있다. 판옥선에는 다음과 같은 장점이 있다. 첫째, 전투원과 비전투원인 격군이 1, 2층 갑판에 분리 배치되어 각자의 기능을 최대로 발휘할 수 있다. 둘째, 함선 자체가 크고 전투원들이 2층 갑판에 배치되어 있어서 적을 내려다보면서 공격할 수 있다. 셋째, 널빤지로 사방을 두른 2층의 상장 구조물이 성벽과 같은 역할을 해서 적군이 쉽게 뛰어오를 수가 없다. 넷째, 노를 젓는 격군이 상장 구조물 안쪽에 자리를 잡고 있으므로 조총이나 활의 공격으로부터 보호받을 수 있다.

이와 같은 구조적 장점을 지닌 판옥선은 임진왜란과 정유재란 해전에서 그 실력을 유감없이 발휘했다. 앞에서도 말했다시피 한산해전에 동원된 조선의 함선은 58척이었고, 일본의 함선은 73척이었으나, 전투 결과 일본 함선은 59척이 격파된 데 반해 조선 함선은 단 한 척도 파괴되지 않았다. 한산해전에서 일본 수군의 전사자는 대략 9천 명 정도로 추정되는데 조선 수군의 전사자는 50여 명 미만이었다. 13척으로 133척과 대적했던 명량해전에서도 일본 함선은 31척이 격파된 반면 조선 함선은 단 한 척도 격파되지 않았다. 전사자는 일본 수군에서 최소 2,500명 이상이 나온 반면 조선 수군은 30명 미만이었다. 당시의 전쟁이 대량살육전 위주로 벌어졌던 것을 고려하면 세계 해전사상 유례가 없는 위대한 승리요, 완전한 승리였다. 그리고 그 중심에 판옥선이 있었다. 판옥선은 그야말로 '왜구 대비용 맞춤형 함선'이었던 것이다.

3부

다시 생각해보는 이순신

이순신은 신화 속의 인물이 아니다. 그는 구름을 타고 내려와 위기에 처한 민족을 단박에 구한 초인이 아니다. 22세에 무과 시험 준비를 시작해 32세에 합격하였으니 그는 무인 관료가 되기 위해 무려 10년을 투자한 준비된 리더였다. 그는 불의와 타협하지 않았으며 이 때문에 22년의 관료생활 중 3번의 파직과 2번의 백의종군 처분을 받는 등 시련을 겪었다. 그러나 그는 필요한 때에 필요한 직책을 부여받아 자신의 역량을 발휘할 수 있는 기회를 가진 행운아이기도 했다. 능력과 도덕성을 갖춘 이순신을 끊임없이 보호해준 후원자가 있었기 때문이었다. 이순신 같은 인물이 발탁되어 역량을 발휘할 수 있는 사회 생태계, 이른바 이순신 생태계가 조성되는 날이 대한민국이 선진 일류국가로 우뚝 서는 날일 것이다.

그는 누구인가

♠ 이순신은 덕수 이씨 12대손이다. 할아버지 이백록李百祿은 그리 높지 않은 관직에 나갔으며, 아버지 이정李貞은 벼슬을 하지 않은 평범한 선비였다. 직계 조상 가운데 조선시대에 눈에 띄는 족적을 남긴 분은 7대조 이변李邊과 증조부 이거李琚이다. 이변은 홍문관 대제학, 이거는 사헌부 장령과 이조좌랑 등의 관직을 지냈는데, 대제학이나 이조좌랑은 청요직淸要職이라 하여 조선시대에는 정승이나 판서를 지낸 것보다도 더 명예롭게 평가되곤 한다. 특히 이거는 '호랑이 장령'이라는 별명이 붙을 정도로 당시 조정에 그 이름이 널리 알려진 인물이어서 이순신이 관직에 있을 당시에도 그의 명망을 기억하는 사람들이 많았다.

이순신은 1545년 4월 28일(음력 3월 8일) 서울 건천동에서 태어났다. 현재 명보아트홀 근처로 알려져 있다. 임진왜란 당시 명재상이었던 서애 류성룡이 같은 동네에 살아 교분을 나누었는데, 그는 이때부터 이순신의 사람됨에 대해 좋은 인상을 가지고 있었으므로 이후 이순신의 후원자 역할을 자임했다.

이순신이 무과로 전향한 것은 22세 무렵이었다. 그 이전까지는 형들을 따라 서당에 다니면서 문과를 준비했는데, 나름대로 자질이 있어 문과를 보았어도 성공할 수 있었을 것이라고 전해진다. 6년을 준비하여 28세 때 처음으로 무과에 도전하였으나, 말에서 떨어지는 사고로 낙방했다. 그 후 다시 4년을 준비하여 32세 때 재도전, 총 급제자 29명 중 12등으로 합격했다.

무과에 합격하고 처음으로 받은 직책은 함경도 동구비보 권관이었다. 권관은 종9품 벼슬로 오늘날로 치면 위관급 장교에 해당한다. 이순신은 초급 관료 시절부터 능력과 실력과 도덕성을 인정받았다. 동구비보 권관 시절, 감사 이후백이 순시를 나와 변방 관료들의 임무 수행 상태를 점검했는데, 지적이나 처벌을 받지 않는 관리들이 거의 없었다. 그러나 이순신에게는 매우 호의적으로 대했는데, 그 이유는 이순신의 업무 능력과 전투 준비 태세가 다른 관리들에 비해 탁월했기 때문이었다.

훈련원 봉사로 있을 때는 직속상관 서익이 순서를 건너뛰어 자신의 지인을 승진시키려 하는 것을 가로막은 일이 있었다. 진급 서열이 아래인 사람을 승진시키면 마땅히 승진해야 할 사람이 승진하지 못하게 된다는 것이 그 이유였다. 당시 이 사건은 조정 안팎에 널리 소문이 났던 것 같다. 하급 관리로서 불이익을 감수하면서 직속상관의 의지를 꺾는 것은 쉬운 일이 아니었기 때문이다. 이 소문 때문인지 병조판서 김귀영이 자신의 서녀를 이순신에게 시집보내고 싶다는 뜻을 전해왔다. 그러나 이순신은 정중히 거절했다. 관료사회에 막 발을 들여놓은 사람이 권세 있는 집안과 혼인 관계를 맺는 것은 떳떳한 일이 아니라고 생각한 것이다.

이순신은 초급 관료 시절 고속으로 승진했다. 36세 되던 해에는 전라좌수영에 소속된 발포의 수군 만호가 되었다. 수군 만호는 종4품으로 오늘날 해군 계급으로 치면 대령쯤 된다. 무관으로 출사한 지 4년이 못 되어서 위관급에서 대령까지 진급한 것이다. 발포 만호 시절에도 이런저런 사건들이 있었는데, 대표적인 것이 오동나무 사건이다. 관청 뜰에 오래된 오동나무가 있었는데 전라좌수사 성박이 이것을 베어다가 거문고를 만들려고 하는 것을 이순신이 나서서 막은 것이다. 대령급 지휘관이 소장급 좌수사의 뜻을 거부한다는 건 관료 생활을 포기하겠다는 것과 다름이 없다.

어린 시절부터 정의감이 남달랐던 이순신은 관료가 되어서도 그러한 태도로 초지일관했는데 그러다 보니 여러 상관들과 충돌할 수밖에 없었다. 통제사 시절에는 수군의 전략을 두고 임금과도 갈등을 빚었다. 그 결과는 파직과 투옥 그리고 백의종군이었다. 관료로 산 20여 년 동안 이순신은 총 세 번 파직당하고 두 번 백의종군 처분을 받는 시련을 겪었다.

정읍 현감으로 재직하고 있던 이순신은 임진왜란 발발 1년 2개월 전인 1591년 2월 전라좌수사로 발탁된다. 정읍 현감은 종6품이고 전라좌수사는 정3품이니 7계급 특진이다. 파직이나 백의종군을 당하는 등 비록 우여곡절은 있었지만 조정은 이순신의 무관으로서의 능력과 인품을 높이 평가하여 이와 같은 파격적인 인사를 단행했던 것이다.

전라좌수사가 된 이순신은 곧바로 전쟁 준비에 돌입했다. 그 백미는 거북선 건조이다. 거북선에 돛을 달고 지자 · 현자총통을 싣고 나가 사격훈련을 마친 날이 정확히 임진왜란 발발 하루 전인 1592년 4월 12일이었다. 적어도 이순신이 지휘하는 전라좌수군은 임진왜란 직전까지 전투 준비를 완벽하게 끝내놓고 있었던 것이다.

이순신은 이와 같은 철저한 전쟁 준비를 토대로 임진왜란과 정유재란이 벌어진 7년여 동안 40여 회의 해전에서 전승무패의 신화를 창조했다. 이러한 전과를 바탕으로 임진왜란을 극복하는 역사의 주역이 된 이순신은 1598년 12월 16일(음력 11월 19일) 임진왜란의 마지막 전장인 노량에서 장렬하게 전사했다. 향년 54세였다.

전라좌수사로 전격 발탁되다

♠ 정읍 현감 이순신이 전라좌도수군절도사로 임명되어 부임한 것은 임진왜란 발발 1년 2개월 전인 1591년 2월 13일이었다. 그는 여수의 전라좌수영에 부임하자마자 전쟁 준비를 서둘렀다. 종6품 현감이던 자신을 7계급이나 특진시켜 정3품 전라좌수사로 임명한 임금의 뜻을 잘 알고 있었기 때문이다. 이순신의 전라좌수사 발탁은 파격적인 인사였다. 언로의 역할을 담당하는 사간원이나 사헌부에서는 난리가 났다. 이와 같은 특별 승진은 관료 인사의 원칙을 무너뜨릴 위험이 있으니 부당하다는 것이었다.

그러나 이미 1년 전에도 유사한 일이 있었다. 정읍 현감 이순신은 1590년 7월 평안북도 고사리진 첨사로 임명되었고, 8월에는 같은 평안도 만포 첨사로 임명되었는데, 모두 취소되고 그대로 유임되었다. 첨사는 종3품이니 6계급 특진 역시 파격적이기는 매한가지라 대간들의 반대가 심했기 때문이었다. 만약 이때의 인사안이 관철되었더라면 이순신은 임진왜란을 극복하는 역사의 주역으로서 활약하지 못했을 것이다. 다시 해를 넘겨 1591년 2월에는 진도 군수로 임명되었는데, 진도로 가는 도중에 현재의 완도인 가리포 첨사로 발령이 났으며 이 또한 부임하기 전에 다시 전라좌도수군절도사에 임명되었다.

종3품 첨사로 임명하는 6계급 특진도 대간들이 반대했는데, 한술 더 떠서 7계급을 특진시켰으니 극력 반대는 당연한 일이었다. 그러나 이번에는 임금인 선조가 인사안을 철회하지 않았으며 매우 강력한 의지로 밀어붙였다. 〈선조실록〉의 기록을 확인해보자.

"이순신의 일이 그런 것은 나도 안다. 다만 지금은 상규에 구애될 수 없다. 인재가 모자라 그렇게 하지 않을 수 없었다. 그 사람이면 충분히 감당할 수 있을 것이니 관작의 고하를 따질 필요가 없다. 다시 논하여 그의 마음을 동요시키지 마라."

선조는 이순신을 전라좌도수사로 임명하는 것에 반대하는 사간원에 이렇게 응대했다. 대간들의 비판을 더는 수용하지 않겠다는 강한 의지와 함께 이순신이 이런 소문을 듣고 받게 될 마음의 상처까지 걱정하는 배려마저 느껴진다. 아마도 선조가 임진왜란에 대비하여 행한 일 가운데 가장 잘한 것이 이순신을 전라좌수사로 임명한 조치일 것이다.

이순신의 발탁에는 어릴 적 친구였던 류성룡의 천거가 큰 역할을 했다고 알려져 있지만 단지 그 때문만은 아니었다. 임진왜란 발발 3년 전인 1589년 1월 비변사에서 불차탁용 제도를 시행한다. 직책과 계급의 고하에 관계없이 유능한 무관을 발탁하여 채용하는 일종의 특별 인사 채용 제도다. 이러한 제도가 시행된 것은 당시 조정에 일본이 침략해올지도 모른다는 위기의식이 만연해 있었기 때문이다. 불차탁용 제도에 따라 대신들은 유능한 무관들을 천거했는데 〈선조실록〉을 보면 이순신의 경우 우의정 이산해가 추천한 일곱 명 중 세 번째 순위로, 병조판서 정언신이 추천한 아홉 명 중 역시 세 번째 순위로 복수 천거되었다. 그러므로 선조 임금은 정읍 현감 이순신을 전격 발탁하여 전라좌수사로 임명할 수 있었던 것이다.

그렇다면 이산해나 정언신 같은 대신들은 왜 이순신을 천거했을까. 이순신이 32세에 무과에 합격하여 처음 받은 직책이 종9품 권관이었는데 36세 때에는 종4품 수군 만호가 된다. 만 4년이 안 되어 10단계를 뛰어오른 초고속 승진이다. 무관으로서의 능력을 인정받았기 때문이다. 이 과정에 우여곡절도 많았다. 의리에 부합되지 않으면 직속상관의 뜻이라 해도 따르지 않았기 때문에 그를 싫어하는 사람들이 생겨난 것이다. 결국 발포 만호 시절 첫 파직을 당하는데, 훈련원 봉사 시절 부당한 인사에 반발하면서 갈등을 빚었던 서익이 오늘날 감찰관에 해당하는 군기경차관으로 내려와 조정에 불리한 보고를 올렸기 때문이었다. 이때부터 이순신의 관료 생활에는 시련이 많았지만, 그 속에서도 무관으로서의 능력은 착실히 닦아가고 있었다.

조선은 임진왜란 이전에 북쪽의 오랑캐와 세 번의 전투를 치른다. 1583년 니탕개난, 1587년 녹둔도전투, 1588년 시전부락 전투가 그것이다. 그런데 이순신은 이 세 차례 전투에 모두 참가하여 일정한 전공을 세운다. 이 과정에서도 이순신은 작전 절차나 결과를 놓고 직속상관들과 갈등을 빚는데, 이 때문에 조정에서는 이순신을 처벌할 것인지 포상할 것인지를 두고 설왕설래했다. 어쨌든 이순신은 당시 조선에서 실전 경험을 지닌 얼마 안 되는 뛰어난 무관군에 포함되어 그 이름이 조정 안팎을 오르내렸다. 이와 같은 이력 덕분에 불차탁용 제도가 시행될 때 이산해나 정언신 같은 대신들이 그를 천거하게 되었을 것이다.

전라좌수사로 부임할 때 이순신의 나이는 47세였다. 그에게 전라좌수영은 낯선 곳이 아니었다. 이미 10여 년 전인 36세 때 전라좌수영 관할인 발포에서 수군 만호로 2년 가까이 근무한 경험이 있었기 때문이다. 또한 전라좌수영은 이순신이 부임하기 4년 전인 1587년에 왜구와 대규모 해전을 치렀기 때문에 지휘관과 참모들 중에 실전 경험을 지닌 장수들이 많았다.

이순신이 주력 함선인 판옥선이 있었음에도 불구하고 돌격선 용도의 거북선을 새로 건조하게 된 배경에는 자신의 개인적 경험과 전라좌수영의 역사가 있었을 것이다.

거북선을 만들고 해전 전술을 혁신하다

♠ 1591년 2월 전라좌수사로 부임한 이순신은 곧바로 전쟁 준비에 착수했다. 무너진 성을 보수하고 무기고를 점검하여 관리에 소홀한 책임자는 일벌백계했다. 무엇보다 중요한 것은 거북선 건조이다. 임진왜란 발발 하루 전인 1592년 4월 12일 거북선에 지자·현자총통을 싣고 나가 사격훈련을 마친 것으로 거북선 전력화를 종료한 것을 보면 이순신은 부임하자마자 거북선 건조에 착수했던 것 같다. 거북선 건조에 소요된 시간은 총 1년 2개월을 넘지 않는다.

조선 수군의 주력 함선은 판옥선이었는데 이순신은 왜 거북선을 만들었을까. 판옥선의 주무기는 대형 화약무기인 총통과 개인 휴대무기인 활이다. 천자·지자·현자·황자총통의 사정거리는 대략 1천 미터 전후이다. 그러나 총통은 발사각을 조정하여 목표물을 조준하는 방식이므로 실제 유효 사정거리는 이에 훨씬 못 미친다. 판옥선을 이용한 전투에서 총통의 명중률은 중요한 조건이다. 기록에 따르면 총통을 사용한 해전은 대개 200보(약 240미터) 정도 근접했을 때부터 전투가 시작되었다고 하는데, 당시 총통의 조준 방식으로는 240미터에서 목표물을 명중시키는 것도 어려운 일이었다. 따라서 100미터 이내, 또는 할 수만 있다면 조총의 유효 사정거리인 50~60미터 정도까지 접근하여 사격을 하는 것이 가장 효율적이었다.

그러나 총통의 명중률을 높이기 위해 판옥선이 가까이 접근하면 또 다른 문제가 발생한다. 일본 수군의 장기인 등선백병전에 당할 위험에 노출되기 때문이다. 그렇다면 근접해서 사격함으로써 명중률을 획기적으로 높이면서도 동시에 등선백병전으로부터도 병사들을 보호할 수 있는 방법은 없을까. 이런 고민 끝에 만들어진 함선이 거북선이다.

거북선이 해전에서 한 역할을 구체적으로 확인해보자. "그 가운데 한 대선 위에는 높이가 서너 길이나 될 듯한 높은 층루가 우뚝 솟았고, 밖으로는 붉은 비단 휘장을 두르고 ……(중략)…… 그 속에 왜장이 있는데, 앞에는 붉은 일산을 세우고 조금도 두려워하지 않았습니다. 그리하여 먼저 거북선으로 하여금 층루선 밑으로 곧바로 치고 들어가 용의 입으로 현자 철환을 치쏘게 하고 또 천자 · 지자총통과 대장군전을 쏘아 그 배를 쳐부수자, 뒤따르던 여러 전선들도 철환과 화살을 번갈아 쏘았습니다. 중위장 권준이 돌진하여 왜장을 쏘아 맞히자, 활을 당기는 소리에 따라서 거꾸로 떨어지므로 사도 첨사 김완과 군관 흥양보인 진무성이 그 왜장의 머리를 베었습니다."

이 글은 임진년(1592) 제2차 출동 중에 있었던 당포해전에 관해 올린 장계인데 거북선이 해전에서 어떤 역할을 했는지를 가장 잘 보여주는 자료이다. 거북선은 해전이 벌어지면 가장 먼저 적의 지휘선이나 주력함을 향해 돌진한다. 거의 30미터 또는 20미터 이내까지 근접해서 선수의 용의 입에 설치된 현자총통으로 철환을 발사한다. 이때 현자총통의 목표는 적의 지휘관이 위치한 천수각 주변이다. 현자총통으로 상부 구조물과 지휘관 및 그 주변의 일본 병사들을 공격한 거북선은 바로 선수를 돌려 빠져나오면서 현측에 있는 여섯 개의 총통 구멍으로 천자 · 지자총통을 쏘아 상부 구조물을 격파한다.

이때 발사하는 무기는 대장군전, 장군전, 철환 등이다. 이 정도 상황이 되면 일본 지휘선의 상부 구조물이 상당 부분 파괴되어 병사들이 몸을 숨길 수가 없기 때문에 우왕좌왕할 수밖에 없다. 이때 뒤따르던 판옥선에서 소형 총통이나 활을 사용해서 일제히 적장과 병사들을 사살하는데 특히 적장이 화살을 맞고 바다로 떨어지면 건져내어 목을 베고 효시한다. 그런 뒤 무력화된 지휘선을 질려포나 대발화 같은 화약무기로 불태운다.

전투 초기에 지휘선이 격파되고 지휘관이 전사해버리면 일본 함대는 지휘 체계가 마비되고 병사들의 사기가 땅에 떨어지게 된다. 이때 우리 수군의 판옥선이 일제히 진격하여 함포 포격전에 의한 격파, 활에 의한 사살, 마지막 화공에 의한 분멸焚滅이라는 일정한 공격 패턴으로 일본 함선들을 격파한다. 요컨대 이순신에 의해 새로 정립된 해전 전술은 제1단계 거북선의 돌격과 판옥선의 협공에 의한 지휘선의 무력화, 제2단계 판옥선의 총통 공격에 의한 격파, 제3단계 활을 이용한 사살, 제4단계 화공에 의한 분멸로 정리할 수 있을 것이다.

거북선에는 왜 거북 등 모양의 덮개를 씌웠을까. 돌격선 용도로 만들어진 거북선이 제 역할을 다하기 위해서는 총통의 명중률을 가장 높일 수 있는 거리까지 접근해야 한다. 그런데 배를 이렇듯 근접시키는 것은 등선백병전을 장기로 하는 일본 수군이 바라는 바이다. 돌격선에 거북 등 모양의 덮개를 씌운 것은 바로 일본 수군의 등선백병전으로부터 조선 병사들을 보호하기 위한 것이었다.

거북선에 대한 이순신의 설명을 직접 확인해보자. "신이 일찍이 왜적들의 침입이 있을 것을 염려하여 별도로 거북선을 만들었습니다. 앞에는 용머리를 붙여 그 입으로 대포를 쏘게 하고, 등에는 쇠못을 꽂았으며, 안에서는 능히 밖을 내다볼 수 있어도 밖에서는 안을 들여다볼 수 없게 하여 비록 적선이 수백 척이라 하더라도 그 속에 쉽게 돌입하여 포를 쏘게 되어 있으므로 이번 출전 때에 돌격장이 그것을 타고 나갔습니다." 임진년 2차 출동 후 보낸 장계에 포함된 내용이다. 거북선은 근접해 함포를 포격하기 위한 용도로 만들어진 돌격선이었던 것이다.

이제까지 조선 수군의 해전 전술의 하나로 소개되곤 했던 당파撞破전술은 거북선이나 판옥선이 일본 함선을 들이받아 깨부수는 충돌 전술이 아니라 대장군전이나 장군전 또는 철환을 발사하여 쳐부수는 함포 포격 전술이었던 것이다. 당파는 총통을 쏘아 쳐부순다는 의미이지 거북선이나 판옥선으로 일본 함선에 부딪쳐 깨뜨린다는 의미가 아니다. 배끼리 맞부딪치면 일본의 장기인 등선백병전으로 이어질 터인데 그것은 조선 수군이 가장 피하고자 했던 해전 양상이었다. 임진왜란 당시 조선 수군은 이미 등선백병전 같은 재래식 해전 전술 개념을 넘어선 혁신된 수군이었다.

이순신 정론 ❶

임진왜란과 이순신을 보는 시각을 바꾸자

♠ 한국인 가운데 이순신을 모르는 사람은 없다. 그리고 어지간한 사람들은 이순신에 대해 강의도 할 수 있을 정도로 많은 지식을 가지고 있다. 그러나 이렇게 널리 알려진 것과는 다르게 이순신에 대한 인식 수준은 그다지 높지 않다. 몇 년 전에 방영된 드라마 〈불멸의 이순신〉은 이순신의 위대함을 널리 알리는 데는 크게 기여했지만 또 한편 명량해전 철쇄 설치 문제, 이순신의 죽음에 관한 시각, 백의종군이나 면사첩免死帖에 대한 이해, 원균과의 교우관계 등에 있어서 오류도 적지 않았다. 작가의 역사 인식 수준이나 상상력이 가미될 수밖에 없는 소설이 지니는 한계라고 하겠다.

또 한편 이순신은 우리에게 마치 무협지 주인공처럼 초인적인 역량을 지닌 인물로 각인되어 있다. 50여 척의 함대를 지휘하여 70여 척의 일본 함대를 대패시킨 한산해전, 13척밖에 안 되는 배를 이끌고 133척이나 되는 일본 함대와 맞서 승리한 명량해전의 결과는 이순신을 일당백의 무협지 주인공과 견주어도 손색이 없어 보이게 하긴 했다. 그러나 이순신을 조망하는 이런 관점은 과연 정당한 것인가.

결론적으로 이야기하면 이순신은 무협지의 주인공도 아니며 열세한 상황에서 우세한 적을 만나도 언제나 승리하는 초인도 아니다. 이제 이순신 그리고 임진왜란을 바라보는 관점을 바꾸어보자. 임진왜란 해전에서 조선 수군은 어떻게 일본 수군을 제압할 수 있었을까. 물론 위대한 리더 이순신이 있었기 때문이라는 것은 다들 알고 있는 사실이다. 그러나 해전에서 승리하려면 리더의 개인적인 역량도 중요하지만 함선과 무기 체계와 같은 하드웨어적 요소도 못지않게 중요하다는 것이 상식이다.

임진왜란 당시 조선 수군은 질적인 전투력 면에서 일본 수군을 훨씬 능가하고 있었다. 조선 수군은 당시로서는 첨단 해전 전술인 총통 포격 전술을 채택하고 있었던 반면 일본 수군은 여전히 재래식 해전 전술인 등선 백병 전술을 사용하고 있었기 때문이다. 이렇게 볼 때 임진왜란 해전에서의 조선 수군의 맹활약은 첨단 조선 수군과 위대한 리더 이순신의 합작품이라는 시각에서 봐야 그 진면목이 드러난다. 특히 고려 말 이래 왜구의 침략에 대비해서 만들어진 대형 화약무기류나 임진왜란 발발 71년 전부터 건조 논의가 시작되어 만들어진 판옥선 같은 하드웨어적 요소는 해전의 승패 원인을 규명하는 데 있어서 결코 간과해서는 안 되는 중요한 요소이다.

관점의 전환은 이순신을 훌륭한 리더, 위대한 리더라고 추앙할 때도 똑같이 적용된다. 이제까지 우리는 이순신을 마치 무협지의 주인공처럼 1대 10, 1대 20의 열세 상황에서 싸워 이긴 위대성에 초점을 맞춰 설명하곤 했는데 이 또한 올바른 관점이 아니다. 이순신이 지휘하는 조선 수군은 명량해전을 제외한 거의 대부분의 해전에서 수적 측면에서도 결코 열세가 아니었다. 열세의 해전이라고 소개되어온 한산도해전에서도 일본 함선 73척과 싸운 조선의 함대는 거북선 3척, 판옥선 55척, 지원선 50척, 도합 108척으로 이루어진 대함대였다. 따라서 이순신은 언제나 열세한 상황에서 우세한 적과 싸워 이겼기 때문에 유능한 리더요 탁월한 리더라는 관점보다는, 오히려 어떤 조건에서도 아군에게는 유리하나 적군에게는 불리한 상황을 먼저 조성한 다음 전투에 나가 승리를 이끌어냈기 때문에 유능한 리더요 탁월한 리더라는 관점이 더 합리적이고 설득력 있다.

이순신 정론 ❷

명량해전의 승리는 과연 철쇄 덕분인가

♠ 이순신에 관련해서 가장 잘못 알려진 주제 중의 하나가 명량해전 철쇄 설치설이다. 결론적으로 말하면 명량해전 철쇄 설치설은 설화이지 역사적 사실이 아니다. 명량해전에 관한 가장 자세한 자료는 이순신이 직접 기록한 정유년(1597) 9월 16일 일기이다. 이순신은 명량해전 이전, 당일, 이후의 행적에 대해서 아주 자세하게 기록해두었다.

그런데 일기에는 철쇄를 설치했다는 이야기가 없다. 그리고 명량해전의 전 과정을 분석해봐도 철쇄를 걸어 승리할 수 있는 국면이 나오지 않는다. 또한 철쇄에 관한 이야기가 이순신의 일기에만 없는 것이 아니라 동시대 사람들이 기록한 자료에도 없다. 조카 이분李芬이 지은 《행록行錄》에도 없고, 서애 류성룡이 지은 《징비록懲毖錄》에도 없으며, 이순신 사후 곧바로 제작된 이항복의 충민사 비문에도 없다.

철쇄와 관련된 기록을 담은 이중환의 《택리지擇里志》, 《해남

현지》 등은 임진왜란 종료 이후 150년이 지난 시점의 기록들이다. 명량해전 당일 힘이 센 전라우수사 김억추가 철쇄를 걸었다는 이야기가 실려 있는 《호남절의록湖南節義錄》이나 《현무공실기顯武公實記》는 각각 1799년과 1900년대 초기에 만들어진 자료들이다. 이것이 사실이라면 김억추는 엄청난 공을 세운 것이다. 그런데 명량해전 당일 이순신의 일기에 김억추는 중과부적의 해전이라 겁을 먹고 뒤로 처져 있었다고 적혀 있다. 그뿐 아니라 김억추가 수사 재목이 아니라고 탄식하는 내용도 보인다.

명량해전 철쇄 설치설은 명량해전 당일 일본 수군 함대가 거의 모두 철쇄에 걸려 넘어져 전멸했다는 주장과 맥이 닿아 있다. 그러나 명량해전 이후 전열을 수습한 일본 수군의 주력 함대는 9월 20일경 전라우수영을 접수한 것을 시작으로 무안, 법성포까지 진출하여 대대적인 살인, 방화, 약탈을 자행했고 많은 사람들을 포로로 잡아갔다. 이 과정에서 강항姜沆과 정희득鄭希得이 영광 근처 해상에서 포로로 잡히는데 이들이 남긴 《간양록看羊錄》과 《월봉해상록月峯海上錄》은 명량해전 이후 일본 수군의 행적을 이해할 수 있는 귀중한 자료이다. 이 자료들에 의하면 명량해전에서 31척을 격파한 이순신의 조선 함대는 고군산도까지 작전상 후퇴를 하여 함대를 정비하고 보존을 꾀한 것을 알 수 있다. 그리고 명량해전을 통해 조선 수군과 통제사 이순신의 건재를 확인한 일본 수군은 결국 서해 진출을 포기하고 순천 동쪽으로 철수했다.

그렇다면 명량해전 승리 요인으로 줄곧 철쇄가 등장하는 까닭은 무엇일까. 그것은 천자 · 지자총통 등 첨단 무기 체계로 무장한 판옥선의 막강한 전투력에 대한 이해의 부재, 명량의 좁은 물목을 해전 장소로 택하여 절대적인 수적 열세를 극복한 이순신의 뛰어난 전술에 대한 간과, 부하 장병들로 하여금 죽기를 각오하고 싸우게 만든 이순신의 탁월한 리더십에 대한 몰이해에 기인한 것이 아닐까.

이순신 정론 ❸
백의종군과 이순신 자살설의 진실은 무엇인가

이순신 하면 떠오르는 단어가 백의종군이다. '백의白衣'는 계급이나 직책이 없다는 뜻이고 '종군從軍'은 군문에 종사한다는 뜻이니, 백의종군은 계급이나 직책 없이 군문에 종사하게 하는 처벌임을 알 수 있다. 드라마 〈불멸의 이순신〉에서는 이순신이 흰 옷을 입고 짚단을 나르는 등 일반 병사들과 더불어 허드렛일을 하는 것으로 백의종군을 묘사했다.

이순신은 백의종군 처분을 두 번 받는다. 제1차 백의종군은 함경도 조산보 만호로 근무하면서 두만강 하구에 있는 녹둔도의 둔전관을 겸할 때 오랑캐의 공격을 받고 피해를 본 사건 때문이었다. 이순신은 녹둔도의 병력이 오랑캐를 지키기에 역부족임을 알고 수차례 직속상관인 함경도 북병사 이일에게 병력 증원을 요청했으나 받아들여지지 않았다. 그러던 차에 1587년 8월, 오랑캐가 녹둔도를 기습하여 10여 명이 전사하는 등 피해를 입었다. 그러나 이순신은 곧바로 반격을 시도하여 다수의 오랑캐를 사살하고 또 포로로 잡혀가던 60여 명을 구출하였다. 이일은 이순신에게 책임을 묻고자 했지만 조정에서는 그는 패전한 장수와는 다르다고 하여 백의종군 처분을 내렸다. 이순신은 백의종군하다가 그 이듬해인 1588년 1월 시전부락전투에 우화열장이란 직책으로 참전하여 공을 세운다. 이 공로로 이순신은 백의종군 처분에서 벗어나고 곧이어 훈련원으로 복직한다.

제2차 백의종군은 1597년 가토 기요마사를 잡으라는 임금의 명령을 따르지 않은 것이 빌미가 되었다. 이순신은 의금부에 투옥되어 한 달여 심문을 받다가 초계에 있는 도원수 권율 밑에서 백의종군하라는 처분을 받고 4월 1일 풀려난다. 이날부터 다시 통제사에 임명되기 하루 전인 8월 2일까지가 두 번째 백의종군 기간이다.

이 기간에 이순신은 어떤 일을 했을까. 일기를 살펴보면 이순신은 권율의 군사자문 역할을 맡았으며, 도원수의 종사관 황여일이 이순신과 권율 사이를 오가며 가교 역할을 했다. 이순신은 같은 해 7월 15일 조선 수군이 칠천량에서 대패하자 권율로부터 패전 상황을 파악하라는 임무를 부여받고 노량 등 남해 연안을 돌아본다. 그러던 중 8월 3일 진주 손경례의 집에서 통제사 임명 교지를 받고 관직에 복귀한다.

연구 결과에 따르면 백의종군이란 무과 급제자로서의 신분을 유지한 채 군문에 종사하는 처벌로, 이후 어떤 임무를 부여받아

공을 세우면 다시 관직에 나갈 수 있도록 하는 일종의 관직회생 제도이다. 이순신 또한 두 번의 백의종군 처분을 받았지만 모두 복직된 것을 보면 백의종군은 인재를 함부로 버리지 않고 재기의 기회를 주기 위한 선의의 처벌로, 오늘날 관료사회에서도 참고할 만한 선진적 측면이 있다.

이순신이 전사한 것이 아니라 자살했다는 이른바 '자살설'은 임진왜란 종료 직후부터 끊임없이 사람들의 입에 오르내렸던 소문이다. 자살설에서 가장 많이 인용되는 자료는 숙종 때 대제학을 지낸 이민서의 《김충장공유사金忠壯公遺事》이다. 이 책은 의병장 김덕령의 전기인데, 여기서 이민서는 이순신이 "전투가 벌어지자 투구를 벗고 스스로 탄환을 맞고 죽었다[方戰免冑自中丸以死]"고 하였다. 이민서는 이순신과 함께 싸우지도 않았고, 그와 동시대 사람도 아니다. 그런데 무슨 근거로 이런 주장을 했을까. 자료들을 분석해봐도 이순신이 투구나 갑옷을 벗고 싸웠다는 증거는 어디에도 없다. 그러므로 이민서의 기록을 포함하여 이순신이 자살했다고 암시하거나 주장하는 자살설은 모두 추측성 이야기이다.

이런 자살설의 배경에는 '못난 임금'과 당쟁을 일삼던 부패한 관리들에 대한 증오와 원망이 짙게 깔려 있다. 백성을 버리고 의주까지 도망간 선조나 그를 부추겨 권력 쟁탈만을 꾀하던 무리들이 백성들의 희망인 이순신을 결코 그냥 두지 않았을 것이며,

이순신 스스로도 역모에 희생된 의병장 김덕령과 같은 처지가 될 것을 잘 알고 있었기 때문에 자살을 택했다는 얘기다.

그러나 숙종 때 안동 부사를 지낸 맹주서가 "본시부터 그 한 죽음 뜻이 있거니, 뒷사람들이 그 까닭을 어찌 알리요"라고 한 것처럼 이순신의 죽음을 둘러싼 이런저런 추측은 위대한 리더 이순신을 폄훼하는 행위에 다름 아니다. 과연 무엇을 위한 자살설이며, 누구를 위한 자살설인가. 노량해전에서의 이순신의 전사戰死는 위대한 리더 이순신의 일생을 그리는 데 '화룡점정畵龍點睛'과도 같다. 마지막 전투에서의 극적인 죽음으로 이순신은 우리의 가슴속에 '민족의 태양', '한국적 리더의 표상'으로 영원히 살아 있기 때문이다.

위기 때마다 재조명되는 이순신

이순신, 우리나라에서 그를 모르는 사람은 없다. 충무공 이순신은 민족의 성웅으로 추앙되며 아산 현충사는 국민 정신교육의 도장으로 성역화되어 있다. 돌이켜 보면 이순신 선양 작업은 오래 전부터 있었다. 가장 먼저 이순신 선양 사업에 나선 이는 백사 이항복이다. 이항복은 선조의 명을 받아 전라좌수영 겸 통제영이 있던 여수에 충민사忠愍祠 건립을 주도했고 〈통제이공수군대첩비統制李公水軍大捷碑〉 비문, 〈통제사이공노량비명統制使李公露梁碑銘〉, 〈고통제사이공유사故統制使李公遺事〉 등을 지어 후세에 남겼다.

두 번째로 이순신의 선양 사업을 적극 추진한 사람은 정조였다. 그는 임금으로서는 최초로 신하의 문집을 만들었는데 그것이 곧 이순신의 문집인 《이충무공전서李忠武公全書》다. 나라와 백성을 위해 순국한 이순신 같은 신하가 많이 배출되어 강력한 조선을 만드는 데 일조하기를 바라는 정조의 염원이 《이충무공

전서》의 출간으로 드러난 것이라고 이해해도 좋을 것이다. 그리고 정조 스스로도 이순신처럼 나라와 백성을 사랑하는 임금이 되고자 했다.

이순신이 세 번째로 부각된 것은 구한말부터 일제강점기에 이르는 시기다. 나라를 빼앗긴 어두운 시절, 지식인들은 우리 민족의 정체성과 우수성을 찾기 위해 절치부심했다. 단재 신채호의 《이순신전》(1908), 박은식의 《이순신전》(1923) 등은 우리 민족이 자랑스러운 역사를 지닌, 그리고 위대한 인물을 배출한 뛰어난 민족임을 널리 알려 독립에 대한 의지를 불태우도록 하기 위한 계몽적 목적의 산물이었다. 이 시기에 실학자 다산 정약용이 재조명된 것도 같은 맥락이다.

네 번째로 이순신 선양을 주도한 사람은 박정희 대통령이었다. 아산 현충사 성역화 작업을 비롯하여 전국의 이순신 유적들은 거의 대부분 박 대통령 재임 시기에 개축, 보수되었다고 해도 과언이 아니다. 박 대통령 입장에서는 여러 가지 정치적 목적이 있었겠지만, 이순신의 희생정신을 본받아 전 국민이 함께 허리띠를 졸라매고 후진국의 굴레에서 벗어나자는 것도 한 가지 의도였을 것으로 짐작한다.

다섯 번째 이순신 재조명은 KBS에서 방영한 역사드라마 〈불멸의 이순신〉이 계기가 되었다. 이 드라마는 2004년 9월부터 2005년 9월까지 만 1년에 걸쳐 방영되었는데, 보지 않은 사람이 거의 없을 정도로 폭발적인 인기를 끌었다. 시청자들은 임진왜란 당시 조선 수군의 주력 함선이 거북선이 아니라 판옥선이었다는 사실, 일본 수군은 해전에서도 조총을 주로 사용한 반면 조선 수군은 일본 수군보다 한 수 위인 천자 · 지자 · 현자 · 황자총통, 이른바 함포를 운용했던 첨단 수군이었다는 사실 등을 알게 되었다.

그러나 《불멸》이나 《칼의 노래》 등 소설을 원작으로 드라마를 제작한 데 따른 문제점도 제기되었다. 소설에는 작가의 상상력이 가미될 수밖에 없다. 역사드라마라 해도 일정 부분은 역시 작가가 만들어낸 상상력의 산물이다. 그러나 시청자들은 어디까지가 역사적 사실이고 어디서부터가 허구인지 쉽게 구별하지 못한다.

나라에 위기가 닥쳐올 때마다 되돌아보게 되는 이순신, 국민적 역량의 통합이 필요할 때마다 부각되어온 이순신, 새로운 리더십이 요구될 때마다 재조명되는 이순신이다 보니 그에 관한 스토리가 역사적 사실이든 전설이든 상상력의 산물이든 크게 문제가 되지 않았다. 어떤 이야기라도 이순신의 위대함을 언급하고 찬양한다는 점에서는 공통되기 때문이다. 그러나 위대한 리더를 존경하고 찬양하는 것에서 더 나아가 그 위대함을 구체적으로 본받고 따르고자 한다면 문제가 달라진다.

과연 우리는 이순신을 얼마나 정확히 알고 있을까. 이제까지 우리 머릿속의 이순신 이미지는 무협지의 주인공 같은 것이었다. 무협지는 대부분 주인공이 온갖 환란을 극복하고 절정무공을 익혀 일당백으로 악의 무리를 물리친다는 줄거리로 전개된다. 이순신 관련 출판물들은 대부분 그런 무협지 비슷한 관점에서 이순신을 이야기한다. 필자가 처음으로 접했던 이순신의 이미지도 그런 것이었다.

이순신이 위대한 것은 언제나 열세한 상황에서 우세한 적과 맞서 싸워 이겼기 때문이라면서 소개되곤 하는 사례가 한산해전과 명량해전이다. 한산해전에서는 58척의 배로 73척의 일본 함대를 맞아 싸워 대승을 거뒀으며, 명량해전에서는 겨우 13척의 배로 133척과 싸워 이겼다. 명량해전에 동원된 일본 함선은 300여 척, 500여 척, 심지어는 1,000여 척이라는 기록도 있다. 이순신의 수적 열세가 두드러지면 두드러질수록 이순신이 더욱더 위대한 리더가 된다고 믿은 것 같다.

그런데 사실 이순신은 이 두 해전을 제외하고는 결코 열세의 상황에서 전투를 벌이지 않았다. 오히려 늘 수적으로도 우세한 상황을 만들어놓고 싸움에 나섰다. 뿐만 아니라 지는 싸움은 결단코 벌이지 않았다. 불리한 상황에서 출동하라고 하면 그것이 임금의 명령이라 하더라도 따르지 않은 이가 이순신이었다.

이제 이순신을 바라보는 관점을 바꾸어야 한다. 이순신이 위대한 것은 열세한 상황에서 우세한 적과 맞서 싸워 이겼기 때문이 아니라 어떠한 상황에서든 철저한 준비로 우세한 상황을 조성해서 적과 싸워 이겼기 때문이다. 그렇게 생각해도 이순신의 위대함은 전혀 빛바래지 않는다. 불리한 상황에서 기적 같은 승리를 만들어내는 능력보다는, 유리한 상황이 되도록 미리 준비해서 시행착오 없이 완벽한 승리를 이끌어내는 능력이 더 소중한 리더의 자질이기 때문이다. 무협지 주인공의 모습이 아니라 역사적 실존 인물로서, 위대한 리더 이순신을 다시 보아야 하는 이유이다.

이순신 생태계

♠ 변화의 21세기, 오늘의 시점에 다시 이순신을 거론하는 이유는 그에게서 리더십의 키워드인 위기 극복, 유비무환, 변화 혁신, 가치 지향, 인격 감화형 리더십을 발견할 수 있기 때문이다. 그는 7년여 기간 동안 40여 회의 해전을 모두 승리로 이끎으로써 결과적으로 조선왕조 최대의 위기였던 임진왜란과 정유재란을 극복하는 역사의 주역이 되었다. 이런 성과를 낸 것은 결코 우연이 아니었다. 철저한 준비가 있었기에 가능했다. 그는 전라좌수사로 부임하자마자 전쟁 준비에 착수했다. 돌격선 용도로 근접포격용 거북선을 창제한 것은 총통의 명중률을 높이기 위한 고육지책이었다. 한산해전에서 사용한 학익진은 판옥선이나 거북선의 현측에 다수 배치되어 있는 총통이 적선을 향하도록 하면서 기동하는 진형법으로 학익진의 원리는 이후 근대 함포 포격전의 모델이 되었다. 그의 승리의 기초에는 이처럼 언제나 철저한 준비와 변화하는 해전 전술에

대한 창의적 연구가 뒤따랐다.

그러나 이순신이 아무리 뛰어난 역량과 실력을 지녔다고 하더라도 발탁되어 쓰이지 않았다면 한낱 무명초無名草로 역사의 뒤편으로 사라졌을 것이다. 의義를 중시하는 삶을 살았던 이순신, 이 과정에서 그는 직속상관과의 빈번한 마찰을 겪으면서 우여곡절 많은 관료생활을 영위했다. 훈련원 봉사 시절 직속상관인 병조정랑 서익이 자기가 아는 사람을 순서를 건너뛰어 승급시키려는 것을 "아래에 있는 사람을 건너뛰어 승급시키면 마땅히 승급해야 할 사람이 승급하지 못하게 됩니다"라는 논리를 펴서 좌절시켰다.

이 사건을 마음에 담고 있던 서익은 이순신이 발포 만호로 근무하고 있을 때 군기 경차관으로 검열을 와서 군기 보수가 미흡했다는 보고서를 조정에 올려 이순신을 파직당하게 했다. 함경도 조산보 만호 시절에는 녹둔도의 둔전관을 겸했는데 오랑캐의 침범으로 피해를 입은 것이 빌미가 되어 현직에서 파직되고 백의종군 처분을 받았다. 이때도 병력 충원 문제를 놓고 직속상관인 함경도 북병사 이일과 갈등을 빚었다.

통제사 시절에는 대마도에서 조선으로 건너오는 가토 기요마사를 잡으라는 임금 선조의 명령을 따르지 않았다. 거짓 정보일 가능성이 높고 또 그 당시 상황에서 가토를 잡으러 부산 쪽으로 출동하는 것은 화약을 지고 불에 뛰어드는 것만큼 위험하다고 생각했기 때문이다. "군자는 의리에 밝고, 소인은 이익에 밝다"

는 유학의 가르침대로 이순신은 언제나 개인의 이익보다는 나라와 백성을 위한 의리를 택했다. 그 결과는 파직, 의금부 하옥, 백의종군 처분 등 고난의 연속이었다.

이순신은 22년의 관료생활 동안 두 번의 백의종군과 세 번의 파직을 당한다. 그럼에도 불구하고 그는 필요한 시기, 필요한 때에 오뚝이처럼 일어나 자신의 역량을 발휘할 수 있는 기회를 부여받았다. 조선시대의 관료, 파직도 잘 되지만 복직도 잘 되었다. 어찌 보면 조선의 관료들이 '옳은 것을 옳다 하고 그른 것을 그르다'고 할 수 있는 기개를 지닐 수 있었던 데에는 유학의 가르침도 가르침이지만 인재를 아끼는 인사제도의 선진성도 크게 한몫했을 것이다. 과연 오늘날 이순신 같은 올곧은 관료, 원칙을 지키는 관료, 의리를 앞세우는 관료가 있다면 관료 조직에서 살아남아 조직 공동체와 나라의 발전을 위해 자신의 역량을 발휘할 수 있는 기회를 가질 수 있었을까.

이순신의 주변에는 그를 시기하고 모함하는 사람도 있었지만 그의 능력과 사람됨을 알아 도와주는 사람들도 많았다. 정읍 현감 시절 '계급이나 직책에 관계없이 유능한 무인 관료를 천거하여 쓴다'는 불차탁용 제도가 시행되자 이순신을 추천한 판서 이산해, 정언신을 비롯하여 어려서부터 이순신을 대장 재목으로 점찍어두고 후원인을 자처했던 서애 류성룡, 도체찰사 이원익, 도원수 권율 또한 그의 도우미였다. 통제사에서 파직되고 의금부에 하옥되었을 때 신구차伸救箚를 올려 선조의 마음을 돌리는 데 결정적 역할을 했던 판중추부사 정탁, 발포 만호 시절 이순신의 근무 평점을 최하로 평가하려던 수사의 전횡을 막은 중봉 조헌, 전라도 순찰사를 지낸 이광, 무고하는 말을 듣고 이순신을 처벌하려고 불시 검열을 나왔다가 그의 능력과 인품에 감동을 받은 전라 감사 손식 등은 모두 이순신의 능력을 인정하고 도와준 건전한 조선의 관료였다.

정유년(1597) 4월 1일, 이순신이 백의종군 처분을 받고 옥문을 나오자 수많은 관료들이 그를 위로하러 찾아왔다. 지사 윤자신, 비변랑 이순지는 직접 찾아왔으며, 영의정 류성룡은 종을 보냈고, 판중추부사 정탁, 판서 심희수, 찬성 김명원, 참판 이정형, 대사헌 노직, 동지 최원, 동지 곽영 등은 사람을 보내 문안하였다. 의형제 같았던 옛 부하로 경기도에서 근무하고 있던 전 방답첨사 이순신은 술병을 들고 와서 밤새 위로하며 함께 술을 마셨다. 어려운 시대를 살았지만 이순신은 결코 외롭지 않았다. 도덕과 인륜, 의리가 만개한 인간다운 세상을 만들어보자는 유학이념으로 무장한 조선의 건전한 관료 생태계가 나름대로 작동하고 있었기 때문이다.

임진왜란을 극복하는 데 있어 류성룡, 이순신, 권율 같은 눈에 띄는 리더들의 공로도 공로이지만 오리梧里 정승 이원익, 병조판서를 다섯 번이나 역임한 백사 이항복, 한음 이덕형 등 실력과 도덕성을 갖춘 선조대의 역량 있는 관료들도 큰 몫을 했다.

조선의 건전한 관료 생태계, 바로 이순신 같은 이에게 기회를 주어 제 역량을 발휘할 수 있도록 한 보호막이었던 것이다. 이순신 생태계는 바로 이순신 같은 리더가 자신의 이상과 능력을 마음껏 펼칠 수 있는 관료조직 생태계를 일컫는다. 이순신 생태계가 정치, 경제, 사회, 문화, 군사 등 각 분야에서 제대로, 올바르게 조성되는 날이 곧 대한민국이 선진 일류국가의 반열에 당당히 들어갈 수 있는 날이 아닐까.